Ce Blaise Gamy

Factores associados ao baixo peso à nascença

Ce Blaise Gamy

Factores associados ao baixo peso à nascença

na periferia de Ouagadougou

Imprint

Any brand names and product names mentioned in this book are subject to trademark, brand or patent protection and are trademarks or registered trademarks of their respective holders. The use of brand names, product names, common names, trade names, product descriptions etc. even without a particular marking in this work is in no way to be construed to mean that such names may be regarded as unrestricted in respect of trademark and brand protection legislation and could thus be used by anyone.

Cover image: www.ingimage.com

This book is a translation from the original published under ISBN 978-620-2-27450-0.

Publisher:
Sciencia Scripts
is a trademark of
Dodo Books Indian Ocean Ltd. and OmniScriptum S.R.L publishing group

120 High Road, East Finchley, London, N2 9ED, United Kingdom
Str. Armeneasca 28/1, office 1, Chisinau MD-2012, Republic of Moldova, Europe
Printed at: see last page
ISBN: 978-620-5-79834-8

SÍNTESE

DEDICAÇÃO

Este resumo é dedicado a

ao meu falecido pai Pierre Pé Minissia

e à minha falecida mãe adoptiva GAALE Kolou Gnèpou Thérèse.

Deu-me tudo sem receber nada em troca, que as vossas almas descansem em paz.

AGRADECIMENTOS

Este trabalho foi tornado possível graças à contribuição de várias pessoas singulares e colectivas. Nunca deixaremos de lhes expressar a nossa gratidão.

Para este fim, gostaria de expressar os meus sinceros agradecimentos:

Ao Centro Internacional de Investigação para o Desenvolvimento (IDRC), pelo financiamento do meu programa de formação de Mestrado em Investigação em População e Saúde.

Ao meu director de tese, Doutor Abdramane B. SOURA, pela sua confiança em mim e que, apesar das suas múltiplas ocupações, permaneceu sempre disponível para responder às minhas preocupações, em todo o lado e em qualquer altura. Gostaria de aproveitar esta oportunidade para lhe expressar a minha profunda gratidão. Gostaria de lhe agradecer pela sua rigorosa abordagem científica e pelo entusiasmo com que me fez trabalhar. Estou muito satisfeito com isto. Que o Eterno reconheça todas as bênçãos.

Ao Institut Supérieur des Sciences de la Population (ISSP), pela qualidade e relevância do ensino recebido.

A todos os professores envolvidos no Mestrado em População e Saúde que não poupam esforços na partilha dos seus conhecimentos.

A BOUBA DJOURDEBBE Franklin, MILLOGO Roch Modeste e LANKOANDE Bruno, pelas vossas incessantes contribuições para este trabalho. Agradeço-vos por me terem tranquilizado em certos pontos que pareciam obscuros, particularmente no contexto do processamento da base de dados.

A todos os colegas do gabinete ISSP, menção especial a COMPAORE Yacouba, TRAORE Harold, GANSAONRE Rabi Joël, BAGNOA Nazi Vincent, OUEDRAOGO Habibou e ZABRE Victor, pelo clima real de atmosfera cordial, partilha e trabalho que criou à nossa volta Obrigado pela sua colaboração.

A Madeleine ZOUNDI e Lidy TAPSOBA, pelas vossas várias contribuições.

A todos os meus companheiros da sétima coorte com os quais, durante 21 meses, partilhei as minhas experiências e momentos de felicidade. Menção especial ao Dr. GBEDO Sossa Edmond, o senhor foi mais do que um irmão para mim.

A sua orientação, apoio e aconselhamento foram de facto cruciais na preparação e conclusão deste trabalho.

À minha querida esposa Mariam Keita e aos nossos filhos Lilyane Léssan e Alexandre Cé

Aboubacar, por terem aceitado suportar certas dificuldades e apoiar-me ao longo desta formação.

Ao meu sogro KEITA Aboubacar e à minha sogra SOUMAH Léonie, por terem tomado conta e cuidado da minha querida família durante todo este período de formação. Ficar-vos-ei eternamente grato.

À minha querida mãe, aos meus irmãos e irmãs e especialmente ao meu tio, obrigado pelo vosso apoio e orientação.

A todos aqueles que, de perto ou de longe, contribuíram para a redacção desta tese através dos seus conselhos, encorajamento e fraternidade.

Finalmente, gostaríamos de agradecer a todos os parentes e compatriotas guineenses que vivem ou estão em formação aqui em Ouagadougou pelo ambiente fraternal que mantiveram durante toda a nossa estadia.

LISTA DE ACRÓNIMOS E ABREVIATURAS.

ACC/SCN	Comité Administrativo de Coordenação/Subcomissão de Nutrição
BDNT	Base de dados territorial nacional
NPC	Consulta pré-natal
E & D	Crianças e Desenvolvimento
FPN	Baixo peso de nascimento
G	Gramma
HTA	Tensão arterial elevada
IB	Iniciativa Bamako
IMC	Índice de Massa Corporal
INSD	Instituto Nacional de Estatística e Demografia
Kg	Kilograma
MRC/RCOG	Conselho de Investigação Médica/Colégio Leal de Obstetras e Ginecologistas
NCHS	Centro Nacional de Estatísticas da Saúde
ODM	Objectivos de Desenvolvimento do Milénio
OMS	Organização Mundial de Saúde
OPO	Observatório da População de Ouagadougou
PNS	Política Nacional de Saúde
PPN	Baixo peso de nascimento
IUGR	Retardamento do crescimento intra-uterino
SPSS	Pacote Estatístico para as Ciências Sociais
UNICEF	O Fundo das Nações Unidas para a Infância
OMS	Organização Mundial de Saúde

SÍNTESE

A redução da mortalidade neonatal e materna é um dos Objectivos de Desenvolvimento do Milénio (ODM). A luta contra o baixo peso à nascença é uma das estratégias para alcançar estes objectivos. As populações das zonas periféricas do norte de Ouagadougou, que são zonas de habitação informal e sem serviços, foram os alvos do presente estudo.

Este foi um estudo transversal retrospectivo baseado em dados longitudinais recolhidos entre 14 de Maio de 2009 e 14 de Maio de 2012, com o objectivo de analisar os factores associados ao baixo peso à nascença na periferia norte de Ouagadougou. Envolveu um total de 2919 nascimentos, bem como as características das suas mães como variáveis explicativas.

Para tal, foram utilizados neste trabalho métodos de análise descritivos (análise bivariada com a tabulação cruzada) e explicativos (análise multivariada, em particular a regressão logística binária).

De acordo com os resultados da análise, os factores estatisticamente associados à ocorrência de baixo peso à nascença na periferia norte de Ouagadougou são: geminação, idade da mãe no parto, idade gestacional, etnia, sexo e desejo de gravidez. Factores como a área de residência, nível de educação, estado civil da mulher, nível de vida e a actividade exercida pela mãe não estão estatisticamente associados à ocorrência de baixo peso à nascença nestas áreas.

O baixo peso à nascença continua a ser uma realidade nas zonas periféricas do norte de Ouagadougou e a maioria dos factores envolvidos podem ser evitados a nível individual. É por isso que a ênfase deve ser colocada em acções de sensibilização direccionadas e coordenadas entre as mulheres grávidas, os seus cônjuges e a comunidade como estratégias para reduzir este fenómeno nestas localidades.

Palavras-chave: baixo peso de nascimento, factores associados, periferia norte de Ouagadougou.

INTRODUÇÃO GERAL

O indicador antropométrico mais utilizado da forma e desenvolvimento óptimos do corpo fetal[1] é o peso de nascimento (Parker *et al.*, 2001). É um indicador importante da saúde fetal e neonatal (OMS, 1995). O peso à nascença de uma criança é uma forma simples de avaliar o curso de uma gravidez e de estimar os riscos a curto, médio e longo prazo para o recém-nascido. Medido e analisado a nível populacional, a distribuição do peso à nascença é um dos indicadores utilizados em estudos de saúde fetal e neonatal (ZEITLIN & BLONDEL, 2003). Também dá indicações sobre o estado de saúde e nutrição dos grupos mais vulneráveis, nomeadamente mães e crianças (CHAULIAC, 1991).

A incidência de baixo peso à nascença (LBW) reflecte o estado de saúde e nutrição das mulheres grávidas e crianças a nível populacional. Foi proposta como um indicador para monitorizar o progresso da saúde (OMS, 1981).

O baixo peso à nascença é um grande problema de saúde pública tanto nos países desenvolvidos como nos países em desenvolvimento devido à sua magnitude e forte associação com a morbilidade e mortalidade neonatal e infantil (UNICEF, 2004). Os recém-nascidos de baixo peso correm maior risco de morrer no primeiro ano de vida e de desenvolver problemas de saúde crónicos do que os de peso normal (BDMS-ONE, 2010). Estima-se que cerca de 15 milhões de crianças nascem abaixo do peso por ano, mais de um em cada dez nascimentos (OMS, 2012), representando 17% de todos os nascimentos no mundo em desenvolvimento, uma taxa que é duas vezes superior à dos países desenvolvidos (7%) (UNICEF, 2004). Do mesmo modo, há mais de cinco milhões de mortes em todo o mundo todos os anos atribuíveis ao baixo peso à nascença (OMS, 1994).

Em 1995, dos 11,6 milhões de mortes de menores de cinco anos nos países em desenvolvimento, 6,3 milhões (53%) foram associadas ao baixo peso à nascença (ACC/SCN, 2000). Em 2002, este número era de 3,4 milhões nestes países (OMS, 2002).

Novas estatísticas publicadas no último relatório da OMS ilustram tanto a dimensão do problema como a presença de disparidades entre países (OMS, 2012). O baixo peso à nascença é a segunda principal causa de morte após a pneumonia e dos 11 países[2] com taxas superiores a 15%, apenas dois não são da África Subsaariana (OMS, 2012).

---

1 O desenvolvimento fetal óptimo pode ser definido como o estado à nascença que dá ao recém-nascido a maior hipótese de sobreviver e prosperar durante o período neonatal e a infância e predispõe o recém-nascido para que o seu desenvolvimento inicial não tenha consequências adversas mais tarde na vida.

2 Os 11 países com taxas de nascimento pré-termo superiores a 15% são: Botsuana 15,1%, Mauritânia 15,4%, Indonésia 15,5%, Paquistão 15,8%, Gabão 16,3%, Moçambique 16,4%, Guiné Equatorial 16,5%, Zimbabué 16,6%, Comores 16,7%, Congo 16,7% e Malawi 18,1%.

Os baixos pesos à nascença podem resultar principalmente do *nascimento prematuro*[3] ou do *retardamento do crescimento intra-uterino*[4] ou de uma combinação de ambos (ALBANE, 2005).

Os determinantes do baixo peso à nascença são múltiplos e complexos, e estão relacionados com diferentes factores que podem ser evitados tanto a nível individual como colectivo, e alguns destes factores podem variar no tempo e no espaço (CASILLI, 2002).

O estado nutricional da mulher antes e durante a gravidez, a saúde física e emocional antes e durante a gravidez, factores ambientais e intergeracionais, a história médica da mãe, a utilização de serviços de cuidados pré-natais, infecções maternas e doenças tropicais, entre outros, estão todos intimamente relacionados com a ocorrência de baixo peso à nascença, comprometendo assim directamente o desenvolvimento normal do feto (DAVIDSON, 1992).

Estes factores próximos são eles próprios influenciados por factores distantes. Por exemplo, a idade da mãe na primeira gravidez é largamente determinada por factores culturais e sociais. Assim, quando se investe mais na educação e capacitação das raparigas e mulheres, a primeira gravidez ocorre geralmente mais tarde e os factores culturais nocivos tornam-se menos importantes (KLEBANOFF *et al.*, 1997). O mesmo se aplica à educação, que pode dar às mulheres um maior sentido de responsabilidade pessoal e distância da tradição, melhor acesso à informação e serviços de saúde, melhor acessibilidade financeira e maior poder de decisão em relação ao acesso aos cuidados (OUEDRAOGO, 1994).

Assim, não se pode agir sobre os factores próximos de baixo peso à nascença ignorando os factores distantes, uma vez que estes últimos influenciam necessariamente os factores próximos. Daí a importância de identificar os factores associados e de procurar compreender as desigualdades sociais do baixo peso à nascença.

Embora existam estudos sobre baixo peso à nascença, os resultados são mistos entre países, regiões e residência dentro dos países.

Além disso, no Burkina Faso, o baixo peso à nascença foi apenas objecto de alguns estudos que tratam de factores de risco obstétricos para baixo peso à nascença a termo em zonas rurais do Sahel (KABORE *et al.*, 2007).

Muito pouco deste trabalho foi realizado em áreas urbanas, particularmente numa grande cidade como Ouagadougou, que tem visto uma proliferação crescente de assentamentos informais nas últimas décadas como resultado da urbanização e onde as desigualdades sociais são claramente observáveis.

---

3 Um parto prematuro é um parto que ocorre antes de 37 semanas completas de amenorreia.
4 A restrição de crescimento intra-uterino (IUGR) é um parto *a termo* com um peso de nascimento inferior a 2500 g.

Daí a importância da escolha deste trabalho intitulado "**Análise dos factores associados ao baixo peso à nascença na periferia norte de Ouagadougou**".

Assim, com base nos problemas acima enumerados em relação ao baixo peso à nascença, este estudo pretende responder à seguinte pergunta de investigação: "**Quais são os factores associados ao baixo peso à nascença nas periferias de Ouagadougou**? Para o conseguir, foram estabelecidos os seguintes objectivos:

Objectivo geral

O estudo procura contribuir para a análise dos factores associados ao baixo peso à nascença nas áreas monitorizadas pelo Observatório da População de Ouagadougou.

Objectivos específicos :

• Identificar os diferentes factores associados à ocorrência de baixo peso à nascença nestas áreas monitorizadas pelo Observatório da População de Ouagadougou.

• Investigar factores explicativos relacionados com a ocorrência de factores associados ao baixo peso à nascença nestas áreas.

CAPÍTULO I: REVISÃO DA LITERATURA SOBRE FACTORES ASSOCIADOS AO BAIXO PESO À NASCENÇA

A literatura sobre estudos de baixo peso à nascença em África e em todo o mundo é extensa. Nesta revisão, será dada atenção a trabalhos que tenham destacado a influência de vários factores que podem explicar a ocorrência de baixo peso à nascença.

A fim de compreender a interacção destas diferentes variáveis, foram classificadas em grupos de factores que incluem: factores de gravidez, factores genéticos e constitucionais, factores demográficos, factores socioeconómicos, factores socioculturais, nutrição, cuidados pré-natais, história médica, infecções maternas e hábitos de vida.

1.1 Factores relacionados com a gravidez

1.1.1 Duração da gravidez

A duração média da gravidez é de 40-41 semanas a partir do primeiro dia de menstruação. Mais genericamente, um bebé nascido entre 37 e 42 semanas é considerado como sendo de termo completo, antes das 37 semanas, diz-se que a criança nascida é pré-termo e pode nascer com um baixo peso à nascença (BHUTTA *et al.*, 2005).

A duração da gravidez é um determinante importante do peso à nascença.

De facto, o feto ganha uma grande parte do seu peso nas últimas semanas de gravidez. Assim, as crianças nascidas antes da 37e semana de gestação estar completa têm geralmente um baixo peso ao nascer (EZECHI, 2003). Os determinantes do retardamento do crescimento intra-uterino (IUGR) e do baixo peso à nascença (LBW) não são os mesmos; é portanto necessário estudá-los separadamente para determinar a influência de cada factor e a sua interacção (KRAMER *et al.*, 1998).

1.1.2 Tipo de nascimento

As gravidezes que resultam em nascimentos múltiplos estão em risco de baixo peso à nascença. Os gémeos têm 11 vezes mais probabilidades de nascer com baixo peso à nascença do que os mono zigotos (PAPIERNIK, 1990).

A gravidez múltipla é um factor importante na explicação do peso ao nascer e as mulheres com gravidezes múltiplas são mais propensas à tensão arterial elevada e à anemia (MILLAR, 1990). Os bebés com gravidezes múltiplas também têm pesos de nascimento mais baixos e são geralmente atrofiados na vida. Além disso, os riscos de nascimento pré-termo, morte perinatal e doença são muito mais elevados nestes nascimentos múltiplos. Estas crianças têm uma taxa de crescimento intra-uterino diferente da das crianças de nascimentos únicos (PAMBOU, 2006).

Alguns estudos no Canadá mostram que a utilização de tecnologias de reprodução assistida, tais como a fertilização in vitro, é parcialmente responsável pelo número crescente de nascimentos múltiplos e, portanto, por uma porção de baixo peso à nascença (SHAH *et al.*, 2002).

1.1.3 Primiparidade[5]

A primiparidade é também um factor que influencia o peso à nascença. O primeiro filho da mãe tem frequentemente um peso baixo em comparação com os filhos seguintes (MABIALA-BABELA, 2007). Observamos também que a multiparidade elevada (5 ou mais crianças) é também um factor determinante do baixo peso à nascença. O efeito da classificação de nascimento parece ser indirecto, uma vez que interage com a idade da mãe no parto. As mães mais jovens (menos de 18 anos de idade) são mais propensas a dar à luz um primeiro bebé de baixo peso à nascença, enquanto as mães mais velhas podem estar na sua segunda ou terceira gravidez (BOBOSSI, 1999).

Segundo um estudo realizado em 2008 no norte do Burundi pela NKURUNZIZA e KANYANA sobre a influência da idade materna e da paridade no peso à nascença, as mulheres primíparas têm 4,7 vezes mais probabilidades de dar à luz bebés de baixo peso do que as mulheres multiparosas. Estas autoras sugerem estratégias como o aumento da idade matrimonial para as raparigas e a melhoria da focalização durante o aconselhamento pré-natal e a vigilância do parto. Permitiriam prevenir as consequências de um parto de baixo ou alto peso na saúde da mãe e da criança (NKURUNZIZA, 2008).

1.1.4 O sexo do bebé

A relação entre o sexo do bebé e o seu peso à nascença tem sido salientada por vários autores. KRAMER (1987), na sua revisão da literatura, afirma que o sexo masculino tem um peso de nascimento mais elevado e estaria mais protegido contra atrasos de crescimento intra-uterino do que o sexo feminino. Da mesma forma, KABORE *et al.* em 2007 descobriram que o sexo feminino tinha mais probabilidades de ter um baixo peso à nascença do que o sexo masculino. Os resultados do trabalho de MEDA *et al.* realizado em 1995 em Bobo Dioulasso sobre os factores de risco de prematuridade e retardamento do crescimento intra-uterino também confirmam este facto.

1.2 Factores demográficos

O intervalo intergeracional[6].

O intervalo entre nascimentos pode ter um impacto no peso de nascimento (OHLSSON *et al.*, 2008). Quando o intervalo intergenital é curto (menos de 18 meses), a mãe pode não ter tido tempo

---

5 A primiparidade está a dar à luz pela primeira vez.
6 Intervalo intergeracional: o período de tempo entre o nascimento de uma criança e a concepção da seguinte.

para construir um fornecimento adequado de nutrientes e está em risco de sofrer mais stress, o que pode influenciar o crescimento intra-uterino e o risco de parto prematuro (OHLSSON *et al.*, 2008). Além disso, um curto intervalo intergenital é frequentemente associado à idade jovem, paridade elevada, história de bebés de baixo peso à nascença, educação inadequada, ou pertença a um grupo étnico minoritário. Por outro lado, quando o intervalo intergenital é mais longo (mais de 60 meses), o risco de parto prematuro e restrição do crescimento intra-uterino aumenta. Isto é algo que pode ser facilmente modificado para reduzir a prevalência de bebés de baixo peso à nascença (SHAH *et al.*, 2002).

1.3 Factores genéticos e constitucionais

1.3.1 A corrida

Os bebés negros têm o dobro da probabilidade de nascer com peso inferior a 2,5 kg do que os bebés brancos (SHIONO, 1986).

Alguns autores sugeriram que a idade da mãe, e não a raça, é a causa da diferença de peso à nascença entre negros e brancos.

As mães negras são frequentemente mais novas do que as mães brancas no primeiro nascimento. No entanto, quando se comparam os pesos ao nascer de mães de raças diferentes mas da mesma idade, a diferença de peso anteriormente observada ainda persiste em todos os grupos etários. O mesmo é verdade quando outros parâmetros, como o nível de educação, são tidos em conta (STARFIELD, 1991).

Além disso, autores como KESSEL (1988) e COLLINS (1997) afirmam que os indivíduos negros têm uma maior taxa de morte fetal e um maior risco de dar à luz crianças prematuras ou com atraso de crescimento intra-uterino. Esta disparidade racial no peso à nascença não se deve ao estatuto socioeconómico. A raça e o estatuto sócio-económico têm efeitos independentes na taxa de baixo peso à nascença. Isto pode sugerir a intervenção de factores genéticos no peso à nascença (PRADA, 1998).

1.3.2 O tamanho da mãe

A altura materna é utilizada para identificar o risco de resultados adversos da gravidez, tais como baixo peso à nascença. A altura materna pode ser utilizada como indicador em vez de medições pélvicas e, portanto, como preditor do risco de complicações obstétricas, tais como desproporção fetal-pélvica[7] ou distócia dinâmica[8] (HARRISON, 1985). Alguns autores consideram que o

---

7 A desproporção fetal-pelvica é uma anomalia que complica o trabalho obstétrico. Corresponde a uma incompatibilidade entre as dimensões do feto, mais precisamente entre os diâmetros cefálicos e as dimensões da pélvis óssea materna, explorada por radiopelvimetria. No homem, resolve-se realizando uma cesariana antes do parto

tamanho não é um indicador útil do resultado da gravidez, uma vez que o tamanho não pode ser alterado por intervenção. No entanto, parece que as adolescentes crescem após uma intervenção nutricional. Além disso, a altura é um bom indicador do estatuto socioeconómico e pode identificar mulheres em risco nutricional (HARRISON, 1985). Uma única medida de altura tomada após a adolescência pode ser usada como indicador de risco reprodutivo ao longo da vida de uma mulher. Os valores de corte de risco variam de país para país. Devem situar-se entre 140 e 150 cm (NCHS, 1981).

Se apenas a altura da mãe estiver relacionada com o peso de nascimento do bebé, pelo menos através da transmissão de um certo potencial genético. Por outro lado, a baixa estatura da mulher pode limitar o crescimento do útero, da placenta e do feto. Deve também notar-se que a altura materna está associada à idade em certa medida (SHAH *et al.*, 2002).

1.3.3 O peso da mãe antes da gravidez

O peso da mãe antes da gravidez reflecte as reservas nutritivas disponíveis para a mulher que eventualmente estarão disponíveis para apoiar o crescimento do feto. O peso materno reflecte também as diferenças socioeconómicas, culturais e genéticas que devem ser tidas em conta (OHLSSON *et al.*, 2008).

O excesso de peso antes da gravidez ou adquirido durante os nove meses de gestação tem efeitos deletérios sobre o curso da gravidez e do parto.

De acordo com um estudo realizado por OUSMANE *et al.* em 2001 em Dakar, sobre o índice de massa corporal (que considera tanto o peso como a altura da mãe) como determinante do peso ao nascer, um IMC superior ao normal está associado a certas complicações durante a gravidez, tais como hipertensão arterial, complicações vasculares, parto mais prolongado que requer frequentemente o recurso a cesarianas e pré-eclâmpsia. Estas complicações predispõem a retardação do crescimento intra-uterino, parto prematuro e baixo peso à nascença.

Durante a gravidez, as alterações fisiológicas no útero da mulher requerem um aumento do fornecimento de energia e nutrientes.

Uma dieta saudável e equilibrada e um ganho de peso adequado durante a gravidez promovem o crescimento fetal normal (KRAMER *et al.,* 1998).

De acordo com SHETTY e JAMES (1994), nos países pobres, os principais determinantes do baixo peso à nascença devido ao retardamento do crescimento intra-uterino são nutricionais: estado

---

(prevenção) ou durante o trabalho de parto.
8 A distócia dinâmica é uma perturbação no funcionamento do músculo uterino durante o parto, resultando numa contracção anormal e numa dilatação ineficiente dos músculos.

nutricional inadequado da mãe antes da concepção, baixa altura, baixo peso e mau estado nutricional durante a gravidez. Os países com elevadas taxas de baixo peso à nascença têm também uma elevada percentagem de mulheres cronicamente deficientes em energia e um grande número de crianças subnutridas (OMS, 1997).

A nutrição materna durante a gravidez é especialmente importante. De facto, o baixo ganho de peso durante a gravidez pode ser responsável por 14% dos baixos pesos ao nascer devido a atraso no crescimento intra-uterino e esta taxa pode atingir 18,5% em populações com uma alta prevalência de baixa altura materna (SHETTY, 1994).

KRAMER (1987) realizou uma meta-análise sobre o aumento de peso durante a gravidez associado à nutrição. Descobriu que em mães com baixo peso inicial, o aumento de peso durante a gravidez reduziu ainda mais o risco de ter um bebé com baixo peso à nascença. Ensaios também demonstraram que a suplementação com zinco, ferro e magnésio, bem como com proteínas e energia durante a gravidez, impediram o baixo peso à nascença (DE ONIS, 1998). Num estudo realizado no Burkina Faso, MEDA *et al.* em 1995 descobriram que o peso de uma mãe de 50 kg ou menos era um factor de risco específico para a prematuridade.

1.4 Factores sócio-económicos

1.4.1 o rendimento da mãe

O rendimento da mãe é muitas vezes combinado com a sua educação e estatuto laboral. A este respeito, observam-se grandes disparidades socioeconómicas na distribuição de bebés de baixo peso à nascença (CAMARA, 1996).

O rendimento de uma mãe é um dos pré-requisitos para frequentar instalações de saúde e adoptar condições dietéticas e higiénicas saudáveis. É frequentemente considerado um indicador do acesso a serviços e instalações de saúde. Segundo um estudo realizado nos Camarões, o rendimento de uma mãe com menos de 25.000 francos CFA é um factor significativamente associado ao parto de uma criança de baixo peso à nascença (TIETCHE, 1998).

A literatura também mostra que alguns factores que aumentam o risco de baixo peso à nascença são encontrados em conjunto em indivíduos de baixa classe socioeconómica. Estes incluem o tabagismo, desnutrição, complicações obstétricas como a hipertensão, pré-eclâmpsia e infecções genitais (BEHRMAN, 1985).

Embora se reconheça que os comportamentos de risco das mães, tais como fumar, má alimentação e falta de cuidados pré-natais, variam de acordo com o estatuto socioeconómico, os mecanismos destas interacções em relação ao baixo peso à nascença são mal compreendidos (KRAMER *et al.,* 1998).

1.4.2 O trabalho da mãe

O emprego ou ocupação materna é um dos factores de risco mais difíceis de associar directamente ao baixo peso à nascença porque não existe consenso na comparação de um tipo de emprego com outro. Além disso, a maioria dos estudos considera apenas o trabalho remunerado. Contudo, trabalhar em casa pode ser tão, se não mais, exigente do que trabalhar fora de casa (HANVEY, 1994). Há também outra controvérsia sobre o impacto do trabalho de uma mulher na sua gravidez, pois seria aleatório quantificar os efeitos do esforço físico na gestação, uma vez que é considerado subjectivo e, portanto, difícil de medir e comparar (SIMPSON, 1993).

HENRIKSEN *et al* (1994) descobriram que trabalhar não era um factor de risco para o baixo peso à nascença. Os autores perguntaram retrospectivamente a pacientes atendidos na sua primeira visita a um hospital dinamarquês sobre a sua ocupação durante o primeiro trimestre de gravidez (até 16e semanas) e sobre o seu estatuto profissional até cerca de 30e semanas de gestação. O risco relativo de prematuridade parecia ser mais elevado entre as mulheres desempregadas do que entre as que estavam empregadas fora de casa, e o mesmo se aplicava à proporção de bebés com baixo peso à nascença.

No entanto, estes resultados devem ser vistos com cautela, pois não têm em conta o contexto social em que vivem as mulheres que não trabalham. Serão elas mais pobres, menos instruídas e mais isoladas socialmente?

No entanto, enquanto muitos estudos mostram que o trabalho de parto não é um factor de risco de atraso de crescimento, existem outros que tendem a mostrar uma associação entre o esforço físico e o baixo peso à nascença. ALEGRE *et al* (1984) relataram que os bebés nascidos de mães que trabalharam até ao parto pesavam em média 200 g menos do que aqueles cujas mães tinham parado preventivamente um mês antes do parto (na ausência de patologia obstétrica). A sua investigação, baseada numa análise de questionários preenchidos por 1.450 mulheres entre 1979 e 1980 em Espanha, identificou as características das condições de trabalho de 730 destas mulheres e 720 mulheres do grupo de controlo.

1.4.3 Idade da mãe no parto

Considerada uma variável crucial no estudo do comportamento demográfico, a idade da mãe está fortemente correlacionada com a ocorrência de baixo peso à nascença (CAMARA, 1996).

São efectivamente as duas idades extremas do período reprodutivo da mulher (menos de 18 anos e 35 anos ou mais) que apresentam o maior risco de baixo peso à nascença. Quando a mulher é adolescente ou tem 35 anos ou mais, isto tem uma influência significativa no risco de parto de um bebé de baixo peso à nascença (TIETCHE, 1998). Embora razões biológicas expliquem a relação entre a idade jovem da mãe[9] e o crescimento intra-uterino, são os factores de risco mais presentes nas raparigas jovens que desempenham o maior papel. De facto, reconhece-se que as raparigas jovens têm um nível de educação mais baixo, o seu estatuto socioeconómico é precário, consomem álcool durante a gravidez e não têm uma dieta saudável (DELPISHCH *et al.*, 2005). Um estudo realizado em 1990 entre mães de 13 a 23 anos de idade analisou e avaliou o seu impacto na primiparidade e baixo peso à nascença (FRASER, 1995). Os resultados mostraram que quanto mais jovem for a mãe, maior é o risco de dar à luz um baixo peso à nascença ou um bebé prematuro. Entre os 13 e 17 anos de idade, o risco relativo é de 1,7 para baixo peso à nascença, enquanto que é de 1,9 para prematuridade.

O baixo peso à nascença é também comum entre mães com 35 anos ou mais, mas os mecanismos por detrás desta dinâmica são mal estudados. A incidência de doenças crónicas como a diabetes e a hipertensão arterial em mulheres mais velhas e a utilização de métodos de reprodução assistida são explicações plausíveis (OHLSSON *et al.*, 2008).

As gravidezes na adolescência ou mais tarde na vida comportam assim um elevado risco de complicações para o feto. Este é um fenómeno bastante comum que deve ser tido em conta na monitorização da gravidez.

1.4.4 O estado matrimonial da mãe

O estado civil da mãe é um factor importante na utilização dos serviços de saúde. Tem um efeito protector sobre o risco de dar à luz uma criança de baixo peso ao nascer. Contudo, este efeito é indirecto, uma vez que é o apoio social, emocional, psicológico e financeiro oferecido pela presença de um cônjuge que reduz o nível de stress e favorece a duração da gestação e o desenvolvimento do feto (CONGO, 2007).

De facto, quer uma mulher grávida esteja numa união, divorciada ou solteira é um factor que, combinado com o seu rendimento, pode influenciar de uma forma ou de outra o seu acesso aos serviços de cuidados pré-natais. As mulheres solteiras, para além do baixo rendimento, podem enfrentar o problema da gravidez indesejada ou não reconhecida pelo pai, o que pode resultar em tentativas de aborto e afectar o peso do bebé ao nascer (TIETCHE, 1998).

1.4.5 Nível de educação

A educação é um factor importante na mudança social porque dá ao indivíduo um maior sentido de responsabilidade pessoal e um distanciamento da tradição, em contraste com a atitude bastante resignada e fatalista da mulher sem instrução (CALDWELL, 1979). Para além de ser um meio de divulgação dos valores ocidentais, por vezes defendendo uma descendência baixa, a educação da

---

9 O desenvolvimento do sistema reprodutivo não se encontra a um nível óptimo.

mãe proporcionar-lhe-ia uma ampla rede social, novos grupos de referência, maior identificação com o mundo moderno e, finalmente, uma maior vontade de utilizar os serviços de saúde (FRIEDL, 1982).

O nível de educação é uma característica intimamente associada aos hábitos de vida. Permite o acesso a melhores rendimentos e cuidados de qualidade (KETTERLINUS, 1990).

O nível de educação está também associado ao baixo peso à nascença, pois um estudo canadiano descobriu que a incidência de bebés com baixo peso à nascença era quase duas vezes mais elevada entre as mulheres de Montreal com baixo nível de educação (menos de 11 anos) em comparação com as que tinham 13 ou mais anos de escolaridade. Num outro estudo realizado no Quebec, as autoras relataram que as mulheres com pouca educação tinham o dobro da probabilidade de dar à luz uma criança de baixo peso em comparação com as mães que tinham frequentado a universidade (COLIN, 1989).

Assim, o nível de educação da mulher é uma dimensão importante na análise da utilização de cuidados médicos (MBOUP, 1999; OUEDRAOGO, 1994).

1.5 Factores sócio-culturais

1.5.1 Religião

Definido como "um sistema institucionalizado de crenças, símbolos, valores e práticas relacionadas com sentimentos de divindade (AKOTO, 1993), a religião rege a vida dos fiéis tanto em termos de comportamento como de prática. A influência da religião na utilização da medicina moderna dependerá do grupo a que se pertence. O mesmo se aplica ao comportamento da saúde moderna. Em vez de causas sobrenaturais, ela substitui a cura social pela cura individual" (AKOTO, 1993).

É um factor determinante do comportamento em termos de fertilidade e acesso aos cuidados, mesmo que a relação seja complexa (CALVES, 1996).

1.5.2 O ambiente residencial

O ambiente em que uma mulher vive, ou seja, o tipo de localidade urbana/rural em que vive, pode influenciar o seu comportamento reprodutivo ou o seu acesso aos serviços de saúde (ANOH, 2002). Num estudo realizado no Burkina Faso, as autoras mostram que as mulheres que vivem na cidade de Ouagadougou aproveitam ao máximo as consultas médicas (23%) em comparação com uma média de 20% noutras cidades e apenas 4% nas zonas rurais (CONGO, 2007).

1.5.3 Etnicidade

A etnicidade, como local de produção de modelos socioculturais com os quais os indivíduos se identificam, é um dos elementos importantes a ter em conta no estudo do baixo peso à nascença e de muitos outros fenómenos demográficos. Tem uma influência sobre variáveis comportamentais como a idade na primeira união, idade na primeira relação sexual, idade na primeira gravidez, etc. (KOUTON, 1992).

A importância da etnicidade na utilização de cuidados de saúde durante a gravidez é essencialmente pronunciada na África Ocidental. Nos Camarões, o primeiro trimestre de gravidez entre os grupos étnicos do Centro-Sul é caracterizado por uma grande discrição (BENINGUISSE, 2003). A mesma observação foi feita no Burkina Faso pela BONNET, em 1988, entre as mulheres muçulmanas. Elas consideram a gravidez como um presente dos génios. Devem ser discretas durante o primeiro trimestre, por medo de que os génios se zanguem e deixem os seus corpos.

A influência da origem étnica na ocorrência de baixo peso à nascença é tanto directa através da genética, como por exemplo a estatura, como indirecta através do álcool, tabaco, consumo de drogas, baixo estatuto sócio-económico (SHIONO & PATRICIA, 1995).

1.6 Cuidados pré-natais

A monitorização da gravidez é essencial para apoiar o crescimento do feto.

De facto, durante o acompanhamento médico, doenças ou infecções podem ser detectadas e tratadas, e os factores de risco como o tabagismo e a má nutrição podem ser reduzidos ou eliminados através da defesa de uma mudança na atitude da mãe. Isto porque as mulheres que não têm cuidados médicos regulares durante a gravidez ou que assistem à sua primeira visita pré-natal com atraso são provavelmente jovens, pobres, minorias visíveis, subnutridas e fumadoras (SHIONO & PATRICIA, 1995).

Do mesmo modo, o consumo de suplementos de ferro durante a gravidez protege a mulher da anemia porque a quantidade necessária não pode ser obtida pela mulher grávida através da dieta. A probabilidade de dar à luz um bebé de baixo peso diminui à medida que o nível de hemoglobina materna aumenta. Esta probabilidade é ainda maior se as mães não utilizarem suplementos de ferro durante a gravidez, uma vez que as mães de bebés com baixo peso ao nascer teriam baixos níveis de hemoglobina antes do parto (RIZVI, 2007).

1.7 A história médica e obstétrica da mãe

A condição mais frequentemente associada à restrição do crescimento intra-uterino é a tensão arterial elevada. Estima-se que uma mulher com hipertensão é 20% mais susceptível de ter um bebé com peso inferior a 2500g do que uma mulher sem hipertensão. De facto, qualquer anomalia na rede vascular que possa levar a uma diminuição do fluxo utero-placentário pode causar baixo peso à nascença. Doença pulmonar crónica, doença cardíaca e doença da hemoglobina, ao reduzir a oxigenação do sangue materno, também reduz o fornecimento deste nutriente ao feto numa extensão variável dependendo da gravidade da doença (MRC/RCOG, 1988).

A presença de fibróides uterinos[10] deformando significativamente o útero está também implicada em alguns casos de parto prematuro. A incompetência cervico-istérmica[11] continua a ser uma causa clássica, embora pouco frequente, de parto prematuro, independentemente da sua própria etiologia (congénita ou traumática). Após a cerclagem cervico-uterina[12] , estima-se que a taxa de nascimento pré-termo é de cerca de 30% nesses casos (MRC/RCOG, 1988).

Relativamente à história do baixo peso à nascença, JOHNSTONE e INGLIS (1974) falam de uma tendência familiar transmitida pelas mulheres, pois observam que as irmãs da mesma linha têm frequentemente bebés de baixo peso à nascença. Num estudo comparando os pesos à nascença de bebés nascidos na mesma família (irmãs versus cunhadas), constataram que a prematuridade e o baixo peso à nascença foram encontrados em bebés de mulheres da mesma família, especialmente quando as mulheres eram parentes por sangue e não por casamento.

1.8 Infecções maternas

Pensa-se que certas infecções maternas como a vaginose bacteriana[13] , especialmente quando estão envolvidas estirpes bacterianas, estão directamente envolvidas na ocorrência de prematuridade em até 30% dos casos (GIBBS, 1992). Outros estudos referem um aumento de duas a três vezes do risco de prematuridade quando a vaginose é diagnosticada (MACDERMOTT, 1995).

Também se pensa que bactérias pouco virulentas, tais como o mycoplasma hominis e o ureaplasma urealyticum, estão envolvidas em alguns casos de trabalho de parto prematuro. Vários autores estudaram o impacto do tratamento de pacientes portadores de uma destas estirpes durante a gravidez, mas os resultados são contraditórios, tanto em termos de parto prematuro como de baixo peso à nascença (LEWIS, 1995).

1.9 Factores comportamentais

Certos hábitos da mulher grávida podem comprometer o desenvolvimento normal do feto. Assim, as implicações do tabagismo na gravidez são numerosas. Há um aumento de abortos espontâneos durante o primeiro trimestre, bebés de baixo peso ao nascer, nascimentos prematuros, etc. Os

---

10 Um fibróide uterino é uma massa muito dura e densa de tecido fibroso que é uma parte integrante do corpo uterino.

11 Incompetência cervico-istérmica: Uma anomalia da zona cervico-istérmica do colo uterino caracterizada pela incapacidade do orifício interno do colo uterino, durante a gravidez, de desempenhar o seu papel de fechadura (esfíncter), pela destruição traumática das suas fibras musculares ou pela sua ineficiência constitucional, congénita

12 A cerclagem cervical é uma técnica cirúrgica que envolve a colocação de um fio à volta do colo do útero para o manter fechado até ao final do oitavo mês de gravidez.

13 A vaginose, ou vaginose bacteriana, é um desequilíbrio na flora microbiana da vagina. Caracteriza-se pelo desaparecimento dos lactobacilos e pela multiplicação de germes anaeróbios como a *Gardnerella vaginalis*. Não é uma infecção sexualmente transmissível. É antes um sinal de desequilíbrio na flora vaginal com o desaparecimento do efeito protector do bacilo de Doderlein.

mecanismos invocados são multifactoriais porque a nicotina é uma substância vasoconstritora[14] : Através do seu efeito na vasculatura placentária, a nicotina reduz o fluxo utero-placentário. Além disso, o monóxido de carbono, ao ligar-se à hemoglobina, reduz a quantidade de oxigénio transportado pelo sangue.

Estudos mostram que os bebés de mães fumadoras podem pesar até 250 g menos do que os bebés de mães não fumadoras (JACOBSON, 1994). Como o risco de baixo peso à nascença depende da dose de nicotina consumida, a perda de peso é estimada em 11 g por cigarro fumado por dia durante a gravidez. Numa publicação, os autores constatam que o risco de ter uma criança com baixo peso à nascença aumenta em 1,5 por cada dez cigarros fumados por dia durante a gravidez (ARMSTRONG *et al.*, 1992). Além disso, o efeito do fumo é mais prejudicial quando a exposição ao fumo ocorre durante o terceiro trimestre de gravidez. Em comparação com o normal, a perda de peso de um bebé cuja mãe é fumadora é de 200 g no último terço da gravidez, em comparação com 130 g no primeiro terço. Os efeitos do fumo durante o último trimestre de gravidez são mais visíveis, uma vez que este é o período de crescimento máximo do feto (LIEBERMAN, 1994).

O tabagismo passivo[15] é também responsável por atrasos de crescimento em recém-nascidos, mas embora se tenha observado uma diminuição do peso dos bebés nas mães expostas ao fumo passivo, a sua exposição permanece mais difícil de quantificar (MATHAI, 1992).

É de notar que fumar continua a ser um dos factores mais conhecidos na patogénese do baixo peso à nascença. Mas também continua a ser um dos poucos factores que podem ser tratados de uma forma menos dispendiosa.

Do mesmo modo, estudos demonstraram que o consumo elevado de cafeína (300 mg ou mais por dia) pode ser responsável por uma diminuição do peso do bebé à nascença e também por um retardamento do crescimento intra-uterino. O mesmo estudo revelou que um menor consumo de cafeína (menos de 300 mg por dia) não teve qualquer efeito conclusivo no peso e crescimento do bebé à nascença (HINDS, 1996).

Num estudo realizado nos Estados Unidos, os autores revelaram que 76,7% das mulheres consumiram cafeína durante a gravidez. Em comparação com as que não consumiam cafeína, as mulheres que consumiam menos de 150 mg de cafeína por dia corriam o risco de 1,4 de dar à luz um bebé de baixo peso. Este risco aumentou para 2,3 para as que consumiram doses entre 151 e 300 mg. Para aqueles que consumiram mais de 300 mg de cafeína por dia, o risco é de 4,6 e a diminuição do peso do recém-nascido neste último grupo é de 105 g (MARTIN, 1987).

---

14 Um vasoconstritor é uma substância que actua para contrair os vasos sanguíneos. Os vasoconstritores são utilizados clinicamente para aumentar a pressão arterial ou reduzir localmente o fluxo sanguíneo.
15 O fumo passivo é a inalação involuntária de fumo por um ou mais fumadores na vizinhança de um não fumador.

Finalmente, existe a preocupação sobre o consumo de álcool durante a gravidez, uma vez que está associado à síndrome do álcool fetal. Esta síndrome é responsável por atrasos no crescimento intra-uterino e défices intelectuais. É uma síndrome que pode estar associada a atraso de crescimento pré-natal e pós-natal, incapacidade intelectual, transtorno de conduta e dismorfismo facial. Em países como os Estados Unidos, a sua incidência é estimada entre 0,43 e 3,1 por 1000 nascidos vivos (OSBORN, 1993). A toxicidade do etanol e dos seus derivados contidos no álcool sobre o feto é considerada como responsável. Além disso, as múltiplas malformações resultam do consumo de álcool durante o período periconcepcional e durante a embriogénese: neurológica, geniturinária, cardíaca, hepática e craniofacial (ERNHART, 1987). Autores como STROMLAND e HELLSTROM (1996), por seu lado, têm estado interessados em complicações oftálmicas em relação à síndrome do álcool fetal. Relatam anomalias da câmara interna bem como glaucoma, cataratas, nervo óptico e anomalias da retina.

Relativamente à dose mínima para danos fetais, alguns autores como MARBURY *et al* (1983) salientam que não há complicações para o feto quando a futura mãe consome 15% de álcool por semana, excepto no que diz respeito ao risco de abrupção da placenta. Por outro lado, VIRJI *et al* (1991) salientam que entre as mulheres que bebem mais de dois copos por dia, a incidência de bebés com peso inferior a 2,5 kg é de 33%.

MILLS *et al* (1984) relatam que os bebés nascidos de mães que bebem mais de dois copos de álcool por dia pesam em média 165 g menos à nascença do que os outros bebés. Com o consumo de um copo de álcool por dia, o risco de dar à luz bebés de baixo peso é zero.

A exposição do feto ao álcool tem efeitos negativos a longo prazo, uma vez que as mães que bebem álcool têm uma diminuição persistente da circunferência da cabeça ao longo dos anos. Os distúrbios comportamentais são também alegadamente causados pela exposição in utero ao etanol (COLES, 1993).

Os investigadores concordam sobre os efeitos nocivos do consumo de álcool durante a gravidez, mesmo que os dados sejam por vezes diferentes. No entanto, o álcool, tal como o tabaco, é um dos factores de risco sobre os quais é possível agir eficazmente para obter resultados tangíveis.

1.10 Tensões psicológicas

O stress é um factor de risco para a ocorrência de baixo peso à nascença documentado por vários autores. HEDEGAARD *et al* (1993) declaram após o seu estudo que há um aumento de nascimentos prematuros em mulheres sob stress psicológico no último trimestre de gravidez. Embora este factor seja difícil de medir, outros autores confirmam esta tendência.

NORDENTOFT *et al* (1996) também avaliaram o impacto dos factores de stress psicológico em

2432 gravidezes e concluíram que o trabalho de parto prematuro estava associado a um aumento quase duplicado de pacientes sob várias tensões.

Do mesmo modo, num estudo de OAKLEY *et al* (1990) de 509 mulheres com um historial de baixo peso à nascença que estavam grávidas com os seus segundos filhos. Estas mulheres receberam apoio social e visitas domiciliárias de parteiras formadas. Como resultado, os bebés das mães que receberam apoio social pesavam em média 40 g a mais do que os de outras mulheres. A experiência da gravidez e do parto foi melhor para as mulheres socialmente apoiadas do que para o grupo de controlo.

1.11 Doenças tropicais

Algumas doenças tropicais[16] , tais como malária, parasitas intestinais (esquistossomose, helmintose) ou filariose, afectam consideravelmente a saúde reprodutiva (BOAZ, 1999).

Na maioria das áreas endémicas, as mulheres grávidas são o principal grupo de adultos mais vulneráveis à doença. Isto tem sido estudado principalmente na África Subsaariana, que representa 90% do peso global da doença e da morte relacionadas com a malária (OMS, 2003). Pelo menos 30 milhões de gravidezes ocorrem todos os anos entre mulheres que vivem em zonas altamente endémicas em África, a maioria das quais reside em zonas de transmissão relativamente estável. Além disso, as estimativas mostram que 24 milhões de mulheres grávidas estão em risco de contrair paludismo na África todos os anos (STEKETEE, 1996).

De facto, as mulheres grávidas correm mais riscos de desenvolver uma infecção de malária do que as não grávidas, uma vez que a gravidez reduz o poder imunitário da mulher (BRICAIRE, 1993).

Durante a gravidez, este fardo é atribuível ao *Plasmodium falciparum*, que é a espécie mais comum em África. Os efeitos dos outros três parasitas do paludismo humano (*P. vivax, P. malaria, P. ovale*) são menos claros. Estima-se que a malária em África seja responsável por 15% da anemia materna, 35% do baixo peso "evitável" à nascença e 5% das mortes neonatais (OMS/UNICEF, 2003).

Uma associação entre a infecção por *Plasmodium Falciparum* e o baixo peso à nascença foi demonstrada e foi mais acentuada nas mulheres primíparas (MATTEELLI, 1997). De um ponto de vista fisiopatológico, a infecção placentária produziria uma diminuição na transferência de nutrientes e oxigénio. Além disso, a malária também contribui para o baixo peso à nascença através da anemia que provoca na mãe (SHULMAN, 1999).

Além disso, a anemia devida a parasitas intestinais pode tornar difícil o curso de uma gravidez.

---

16 As doenças tropicais são doenças infecciosas que são predominantes nas regiões tropicais e subtropicais.

Estas anemias são causadas por parasitas que são transmitidos principalmente através da ingestão de alimentos contaminados. Os três parasitas mais importantes são *Ascariasis lumbricoides, Trichuris trichura* e ancilóstomos (STEKETEE, 2003).

Estudos realizados no Nepal entre mulheres grávidas e em Zanzibar entre mulheres não grávidas sugerem que a erradicação das infecções por ancilóstomos na população do estudo poderia prevenir 41-56% das anemias moderadas a graves (STOLTZFUS, 1997).

Para além dos vermes intestinais, as doenças diarreicas bem como as infecções respiratórias são muito comuns em mulheres grávidas em áreas tropicais e têm um grande impacto no retardamento do crescimento intra-uterino. Estas condições podem reduzir o peso à nascença em pelo menos 45 g (KRAMER, 1987).

Embora esta revisão da literatura não seja exaustiva, os leitores terão notado que existem muitos factores de risco associados ao baixo peso à nascença. Em alguns casos, as intervenções preventivas podem reduzir a incidência de baixo peso à nascença sem eliminar estes factores de risco (por exemplo, história de prematuridade, problemas de saúde, etc.), enquanto noutros, as intervenções podem eliminar ou reduzir o impacto dos factores de risco. O tabagismo, a má alimentação e o consumo de drogas e álcool são alguns exemplos.

1.12 Quadro conceptual

A título de resumo, os diferentes determinantes que influenciam o peso à nascença são resumidos na Figura 1. Estes determinantes estão agrupados nos seguintes grupos de factores características maternas, que incluem factores comportamentais (tabagismo, alcoolismo), factores relacionados com a gravidez (duração da gravidez, paridade, tipo de nascimento e sexo do bebé), factores genéticos (raça e altura da mãe), factores socioculturais (religião, local de residência e etnia), factores demográficos (intervalo intergeracional), factores socioeconómicos (rendimento, emprego, idade da mãe no parto, estado civil educação) e outros grupos incluindo cuidados pré-natais (acompanhamento médico da gravidez e suplemento de micronutrientes), estilo de vida (tabagismo, álcool e outros estimulantes), dieta (peso antes e durante a gravidez), factores obstétricos e médicos (historial de pré-maturidade e historial de atraso do crescimento intra-uterino, tensão arterial elevada), infecções maternas (vaginose e estirpes bacterianas) e stress psicológico

Todos estes factores irão afectar o peso do bebé quer directamente através da desnutrição ou do ciclo intergeracional da desnutrição na mãe, ou através da monitorização da gravidez, ou indirectamente através do peso das crenças religiosas, práticas culturais, genética ou estado de saúde da mãe.

A ausência de monitorização médica da gravidez e do suplemento de micronutrientes tem um efeito retardador sobre o crescimento intra-uterino do feto, influenciando assim o seu peso ao nascer. Esta falta de cuidados pré-natais pode também causar que a mulher grávida esteja acima ou abaixo do peso, expondo-a a desnutrição resultando em atraso do crescimento intra-uterino ou complicações obstétricas[17] no momento do parto, as quais são por sua vez influenciadas pelo stress. Os cuidados pré-natais podem, por sua vez, ser influenciados por outros factores, tais como o emprego, o rendimento ou a educação da mulher.

Do mesmo modo, o consumo de estimulantes (tais como tabaco e álcool) pela mulher grávida pode causar aborto espontâneo, o que se reflecte no peso do bebé à nascença. Este hábito de vida influencia o estado nutricional da mulher grávida, mas, inversamente, é também influenciado pelo stress.

Finalmente, infecções maternas tais como vaginose e estirpes bacterianas podem ser a causa de prematuridade e retardamento do crescimento intra-uterino, mas também de stress psicológico que pode perturbar o desenvolvimento normal do feto e assim afectar o seu peso à nascença. O tratamento ou a negligência destas infecções pode depender tanto de factores socioeconómicos como do nível educacional da mãe. Todos estes factores perturbam a saúde da mãe e dificultam o desenvolvimento normal do feto, quer por retardamento do crescimento intra-uterino (IUGR), quer pelo parto de bebés prematuros com, na maioria dos casos, baixo peso à nascença.

Mapeámos as interacções destes diferentes factores que contribuem para a ocorrência de baixo peso à nascença, utilizando o seguinte quadro conceptual.

---

17 As complicações obstétricas ou complicações da gravidez são condições e doenças causadas pela gravidez. Podem também incluir doenças que existiam antes da gravidez, mas que são desequilibradas por ela.

Figura 2: Diagrama conceptual dos determinantes do baixo peso à nascença.

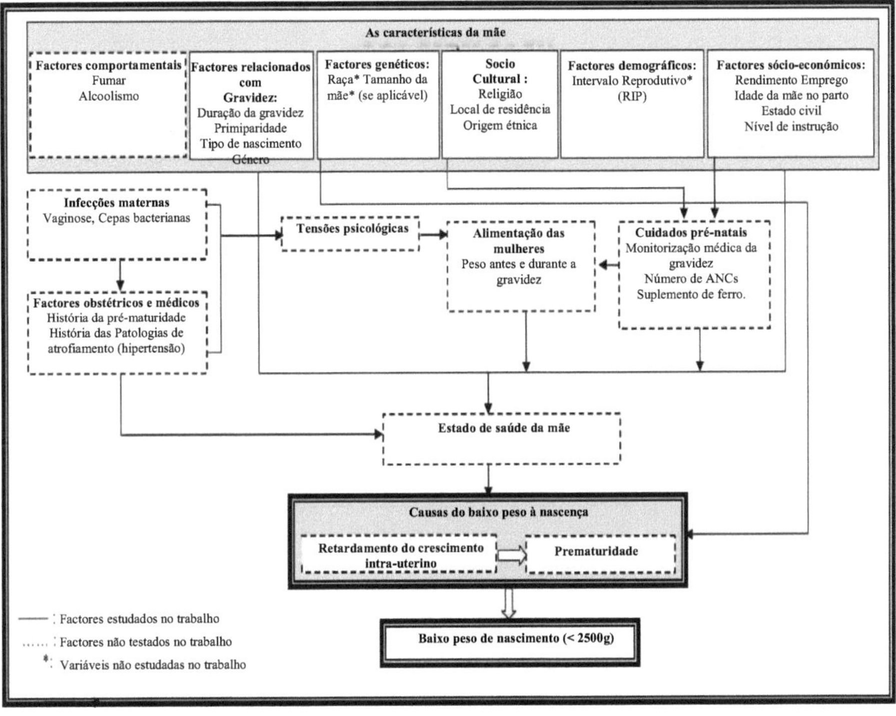

I.12 Hipótese de investigação

Com base na revisão bibliográfica e no quadro conceptual, a hipótese principal deste estudo é que os factores relacionados com a gravidez (como a duração da gravidez, tipo de nascimento, sexo da criança) e factores demográficos (idade da mãe no parto, estado civil) são mais importantes do que os factores sócio-culturais e económicos para explicar a ocorrência de baixo peso à nascença. Com base nesta hipótese principal, foram formuladas hipóteses específicas sobre as relações entre as diferentes variáveis explicativas e o peso à nascença. O Quadro 1 resume as relações geralmente aceites e as hipóteses formuladas.

Quadro 1: Resumo dos pressupostos sobre o significado das relações.

Características	Relações comummente aceites	Pressupostos sobre o significado da relação
Idade gestacional	Uma gravidez completa dura de 37-42 semanas. Qualquer parto antes das 37 semanas é considerado prematuro e é provável que o peso seja inferior aos 2.500 kg normais.	Os nascimentos prematuros são mais propensos ao baixo peso à nascença do que os nascimentos a termo.
Geminação	As gravidezes gémeas são consideradas mais propensas à hipertensão e anemia, factores que perturbam o desenvolvimento normal do feto.	As gravidezes gémeas são mais propensas a baixo peso à nascença do que as gravidezes de um único feto.
Idade das mães no parto	As mães com menos de 20 anos de idade e as que têm 35 ou mais estão em maior risco de baixo peso à nascença. Isto deve-se ao baixo nível de educação e imaturidade do corpo no primeiro, e à frequência das doenças coronárias e à utilização de métodos de reprodução assistida no segundo.	As mães com menos de 20 anos de idade e as de 35 ou mais têm mais probabilidades de ter um baixo peso à nascença do que as de 20 a 34 anos.
Estado civil	O baixo peso à nascença é mais comum entre as mulheres não casadas do que entre as que estão em união, devido ao seu reduzido poder económico. Fazem	As mulheres fora da união são mais propensas ao baixo peso à nascença do que as que estão em união.

	menos uso dos serviços de ANC.	
Desejabilidade de gravidez	As gravidezes indesejadas são muitas vezes desacompanhadas e o encaminhamento tardio para os serviços da ANC coloca a vida do bebé em risco.	As mães portadoras de gravidezes indesejadas correm um risco maior de baixo peso à nascença do que as portadoras de gravidezes desejadas.
Tipos de zonas	As zonas desabitadas das grandes cidades são mais desfavorecidas em termos de acesso aos serviços de saúde e as mulheres grávidas que aí vivem não procuram serviços de ANC.	As mulheres que vivem em áreas não assentadas correm mais riscos de PNF do que as que vivem em áreas assentadas, devido à falta de instalações de saúde.
Nível de educação	As mulheres com menos educação desconhecem o âmbito do PNC e são por isso mais propensas ao PNF.	Não ter educação é um factor associado ao PNF, uma vez que estas mulheres muitas vezes desconhecem a importância do ANC.
Género da criança	Os bebés fêmeas são mais susceptíveis à desnutrição materna no útero do que os bebés machos. Isto deve-se à sua composição genética.	As fêmeas são mais propensas a terem peso inferior ao dos machos devido à sua maior susceptibilidade à restrição do crescimento intra-uterino.
Nível de vida do agregado familiar	As famílias de baixos rendimentos têm poucos meios financeiros e isto limita a sua utilização dos serviços de cuidados	LBW é mais comum entre as mães de famílias de baixo rendimento do que entre as de famílias de alto rendimento.
Actividade realizada	O trabalho físico resulta na produção de quilocalorias que, se não forem corrigidas por uma boa nutrição, porão em perigo a vida do recém-nascido.	Estar num emprego remunerado é um factor de protecção contra a LBW.
Grupo étnico	As crenças e práticas culturais das mulheres muçulmanas proíbem a declaração precoce da gravidez, o que implica o acesso tardio aos serviços de ANC.	As mulheres muçulmanas estão mais expostas à PFN devido às suas crenças e práticas culturais do que outras mulheres não muçulmanas.

CAPÍTULO II: CONTEXTO DE ESTUDO E ABORDAGEM METODOLÓGICA

Nesta segunda parte do trabalho, será descrito o contexto sócio-sanitário da cidade de Ouagadougou e dos distritos periféricos do norte, seguido da abordagem metodológica seguida ao longo de todo o estudo. Mas também, a descrição do ambiente de estudo, a operacionalização das diferentes variáveis estudadas, a descrição dos métodos de análise utilizados, assim como a descrição da amostra utilizada para a análise.

11.1 Contexto sócio-sanitário da cidade de Ouagadougou e dos distritos periféricos

A cidade de Ouagadougou, a capital do Burkina Faso, tem conhecido um crescimento vertiginoso desde o início dos anos 80. Este crescimento tem sido reflectido tanto espacialmente pela extensão da cidade como demograficamente pelo aumento do número de habitantes da cidade (KAFANDO, 2004).

Actualmente, representa 10% da população do Burkina Faso e tem uma das mais altas taxas de crescimento urbano da África Ocidental, o que pode ser explicado por um forte êxodo rural ao qual se junta o regresso ao país de muitos expatriados burquinenses após a crise da Costa do Marfim. Este fenómeno resultou na expansão das chamadas áreas "subdesenvolvidas" com elevadas densidades populacionais (1/3 da população da capital) vivendo em condições precárias e insalubres sem acesso aos serviços sociais básicos (E & D, 2011).

Com uma população de 1,4 milhões de habitantes em 2006, o município de Ouagadougou cobre uma área de 52.000 hectares, dos quais 21.750 são urbanizados. É uma comuna com um estatuto especial que compreende cinco (12) arrondissements[18] , 55 sectores no total (INSD, 2009).

Em termos de saúde, os indicadores sobre o estado de saúde das crianças não são muito satisfatórios. No período de 10 anos anterior ao DHS 2003, a mortalidade antes dos 5 anos de idade foi estimada em 119 mortes por cada 1.000 nascimentos (INSD, 2004). Este é um dos níveis de mortalidade mais elevados nas capitais africanas. A proporção de crianças com menos de 5 anos de idade é de 17,5%, a prevalência de infecções respiratórias agudas em crianças com menos de 5 anos é de 23,5%, a taxa de mortalidade infantil é de 69%, e a taxa de mortalidade infantil é de 119%.

---

18 Os arrondissements do município de Ouagadougou: arrondissement No1: inclui os sectores 1 a 16; arrondissement No2: inclui os sectores 7, 8, 9, 10 e 11; arrondissement No3: inclui os sectores 12, 13, 14, 15 e 16; arrondissement N4: inclui os sectores 17, 18, 19 e 20; arrondissement N5: inclui os sectores 21, 22, 23 e 24; arrondissement N6: inclui os sectores 26, 27, 28 e 29; município N7: inclui os sectores 30, 31, 32 e 33; município N8: inclui os sectores 34, 35 e 36; município N9: inclui os sectores 37, 38, 39 e 40; município N10: inclui os sectores 41, 42, 43, 44 e 45; município N11: inclui os sectores 46, 47, 48, 49, 50 e 51; município N12: inclui os sectores 52, 53, 54 e 55.

Em termos de nutrição, a proporção de crianças com baixo peso em 2003 foi de 17,5% em Ouagadougou, em comparação com 20,5% para a área urbana como um todo e 40,3% para a área rural. A proporção de nascimentos em que o padrão mínimo de quatro consultas pré-natais foi cumprido foi de apenas 39% (DHS, 2003).

Este mau estado de saúde é um reflexo das crises que o país atravessa, incluindo desemprego, pobreza, más condições habitacionais e higiene pública, que aumentaram em certos bairros e assentamentos informais na cidade de Ouagadougou como resultado do crescimento acelerado da população e da urbanização (INSD, 2004).

Nestas zonas, a taxa de crescimento anual (4,1%) é próxima da da cidade de Ouagadougou (4,2%). A população desta zona cresceu a uma taxa de 6,2% em menos de dois anos. A migração líquida é positiva e corresponde a um aumento de 3,5% da população. O equilíbrio natural (nascimentos - mortes) é também positivo, com um aumento de 2,8% da população. Este crescimento deve-se em parte à imigração (56%), e em parte ao aumento natural (44%). (ROSSIER *et al.*, 2011).

Nestas áreas monitorizadas pelo Observatório da População, temos dois tipos de residência: uma área servida (serviced) e uma área não serviced (unserviced). Em termos de saúde, nas áreas não desenvolvidas, a mortalidade infantil é mais elevada (28%) do que nas áreas desenvolvidas (19%), tal como a mortalidade juvenil (8% nas áreas não desenvolvidas em comparação com 4% nas áreas desenvolvidas).

Há mais mulheres nos sindicatos (42%) do que homens (39%). A população é mais jovem na área não desenvolvida: 42% têm menos de 15 anos (contra 36% na área desenvolvida) e apenas 5% têm 50 anos ou mais (contra 8% na área desenvolvida). 91% destes residentes pertencem ao grupo étnico Mossi e nenhum dos outros grupos étnicos ultrapassa 2% (ROSSIER *et al.*, 2011).

É nas áreas não desenvolvidas que a pobreza urbana está mais concentrada, com fortes disparidades. As condições precárias de habitação, a promiscuidade, a ausência de um sistema de estradas e de tratamento de resíduos, a fraca disponibilidade de água potável e a prática de certas actividades de sobrevivência económica por parte das crianças (recolha de lixo) conduzem a grandes problemas de saúde (E & D, 2011).

11.2 Apresentação do Observatório da População de Ouagadougou

Iniciado pelo Institut Supérieur des Sciences de la Population (ISSP) da Universidade de Ouagadougou em 2008, o Observatório da População de Ouagadougou (OPO) visa compreender os vários problemas dos residentes urbanos mais pobres, e testar programas inovadores para a promoção do bem-estar desta população (ROSSIER *et al.*, 2011).

É assim utilizado para estudar as desigualdades na saúde através de inquéritos sobre a febre tifóide, a medição da qualidade da água potável em áreas informais, a ligação entre a fertilidade e a escolaridade, etc.

O Observatório tem recebido apoio financeiro da British Wellcome Trust Foundation e apoio científico de uma rede de parceiros nacionais, africanos e internacionais, incluindo: o Institut de Recherche en Science de la Santé (IRSS) no Burkina Faso, o Institut National d'Etudes Démographiques (INED) e o Institut de Recherche pour le Développement (IRD) em França, a Université Catholique de Louvain na Bélgica, a University of College London no Reino Unido, a University of Montreal e a University of Ottawa no Canadá, e o Population Council nos EUA. Oferece a estas instituições parceiras uma gama de serviços (vigilância demográfica, painel, inquéritos transversais, bases de dados, sistema de informação geográfica, etc.) que lhes permite testar projectos de desenvolvimento numa área definida (OPO, 2009).

O Observatório é também membro da rede internacional INDEPTH[19] , que agrupa 34 observatórios do mesmo tipo localizados em 19 países de África, Ásia, América Latina e Oceânia. Representa o 2e observatório urbano em África, depois do de Nairobi, Quénia, sendo a maioria dos observatórios implementados em zonas rurais.

Pretende ser uma plataforma de investigação, acções e intervenções multisectoriais para informar o pensamento dos decisores, a fim de promover programas sociais e de saúde rentáveis e adaptados às necessidades da população, particularmente dos mais pobres. Fornece aos decisores, investigadores e ao público dados e análises fiáveis, harmonizados e regularmente actualizados sobre saúde, educação, habitação e pobreza, informando assim as suas políticas, estratégias e escolhas de programas nestas diferentes áreas para o desenvolvimento (OPO, 2009).

Este Observatório tem inspectores que recolhem informações a intervalos de cerca de 8 meses. Estes agentes visitam regularmente os agregados inquiridos para recolher informação sobre gravidezes e nascimentos, bem como sobre as características das mães (OPO, 2009).

A população monitorizada é de aproximadamente 80.000 indivíduos divididos entre dois bairros de "propriedade residencial" com serviços: Kiliwin e Tanghin; e três povoados informais "não alojados": Nonghin, Polesgo e Nioko 2: Nonghin, Polesgo, Nioko 2. Estes bairros periféricos estão localizados na parte norte da cidade de Ouagadougou e estão distribuídos entre os distritos de saúde de Sig-Noghin e Kossodo. Cobrem uma área de 65 km^2 e albergam 33,5% da população de Ouagadougou (BOYER, 2009).

O mapa 1 abaixo mostra os cinco distritos monitorizados pelo Observatório da População de

---

19 INDEPTH: A Rede Internacional de Avaliação Demográfica Continua das Populações e da sua Saúde nos Países em Desenvolvimento.

Ouagadougou.

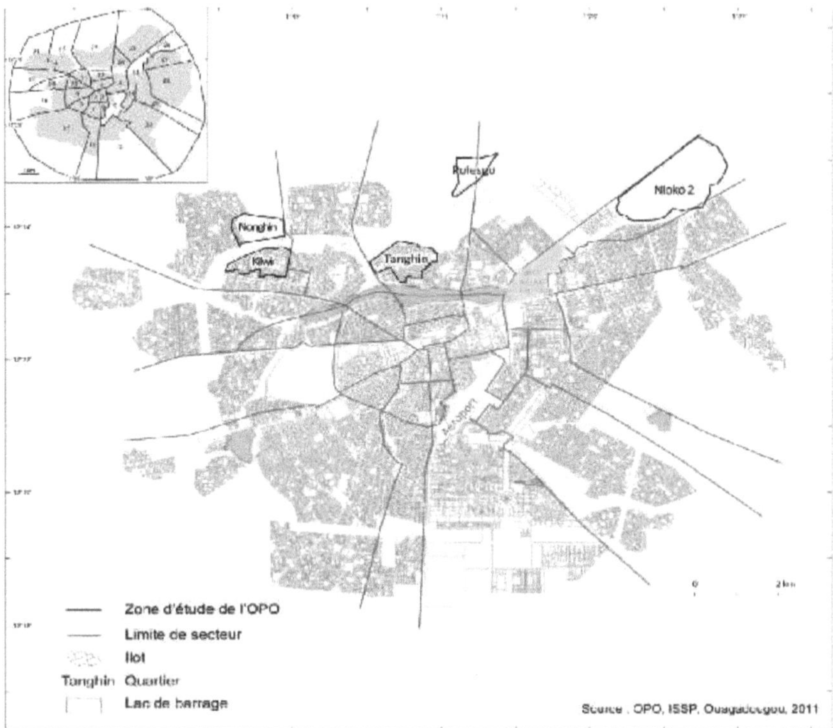

Mapa 1: Localização das áreas da OPO

11.3 Tipo e população de estudo

Este é um estudo transversal quantitativo que é simultaneamente descritivo e analítico, baseado em dados longitudinais da base de dados do Observatório da População da cidade de Ouagadougou. Concentrou-se exaustivamente em 2919 casos de nascimentos registados entre as passagens 1, 2 e 3 pelos agentes de investigação da OPO (14 de Maio de 2009-14 de Maio de 2012).

11.4 Operacionalização das variáveis do estudo

11.4.1 A variável dependente

O baixo peso à nascença é a variável dependente neste estudo. Tendo em conta as normas da Organização Mundial de Saúde (OMS), diz-se que um peso à nascença é baixo quando é estritamente inferior a 2,5 kg. Assim, o peso à nascença foi agrupado em duas modalidades: peso "baixo" e peso "normal".

11.4.2 As variáveis explicativas

Para os fins deste estudo, foram seleccionadas várias variáveis explicativas. Para os fins do estudo, estas diferentes variáveis foram recodificadas e agrupadas em modalidades, tendo em conta o número de pessoas nas modalidades iniciais. Estas variáveis são, entre outras

11.4.2.1 Idade da mãe no parto

A idade variável da mãe no parto foi agrupada em três grupos etários: os menores de 20 anos, os de 20 a 34 anos de idade e os de 35 anos ou mais.

11.4.2.2 Tipo de área de habitação

Este estudo diz respeito a populações que vivem em cinco bairros diferentes (2 bairros desenvolvidos e 3 bairros não desenvolvidos). Esta variável foi assim agrupada em duas modalidades: o bairro residencial e a zona não residencial.

11.4.2.3 Geminação

Esta variável foi agrupada em duas modalidades: bebés de uma única gravidez (uma criança à nascença) e os de gravidezes múltiplas (2 ou 3 crianças à nascença).

11.4.2.4 O estado matrimonial da mãe

A variável do estado civil da mãe utilizada neste estudo foi agrupada em duas modalidades, a saber, as que são casadas e as que não são (solteiras, divorciadas e viúvas).

11.4.2.5 O nível de educação

A fim de avaliar o nível de educação da mãe na ocorrência de baixo peso à nascença neste trabalho, esta variável foi agrupada em três modalidades, nomeadamente: os sem instrução, os com instrução primária e os com instrução secundária e superior.

11.4.2.6 Desejabilidade de gravidez

Esta variável foi agrupada em três modalidades, nomeadamente aqueles que queriam uma gravidez agora, aqueles que a queriam mais tarde e outros.

11.4.2.7 Idade gestacional

A variável idade gestacional foi agrupada em duas modalidades: bebés nascidos antes das 37e semanas referidas neste estudo como "nascimentos prematuros" e os nascidos entre as 37e semanas e mais tarde referidos como "nascimentos a termo".

11.4.2.8 O nível de vida do agregado familiar

Esta variável é um determinante da acessibilidade aos serviços de cuidados pré-natais. Tem sido agrupada em três modalidades, nomeadamente "baixo", "médio" e "alto" nível de vida.

11.4.2.9 A actividade realizada pela mãe.

Esta variável foi agrupada em três modalidades: os que não estão envolvidos em qualquer actividade, os que estão envolvidos em emprego assalariado e os que estão envolvidos em outros tipos de actividades.

11.4.2.10 O grupo étnico da mãe.

A etnia da mãe foi agrupada em 2 modalidades, nomeadamente Mossi e outros[20] grupos étnicos.

11.4.2.11 A religião da mãe

A variável religião da mãe foi agrupada em três modalidades, nomeadamente: as que praticam a religião católica, as que praticam a religião muçulmana e as que praticam outras religiões (tais como as protestantes, as tradicionais e as que relatam não ter religião).

11.4.2.12 O sexo do bebé

É uma variável dicotómica que distingue os rapazes das raparigas.

Quadro 2: Resumo das variáveis utilizadas no estudo

Títulos variáveis	Modalidades
Peso de nascimento	Peso baixo à nascença Pesos normais
Tipo de área	Lotie Não atribuído
Nível de educação	Não Primário Secundário e superior
Geminação	Uma criança Duas ou mais crianças
Estado civil	Noivas Outros não casados
Desejabilidade de gravidez	Agora Mais tarde Outros
Idade da mãe no parto	< a 20 anos Entre 20 e 34 anos de idade Entre 35 anos e mais
Grupo étnico	Mossi

---

20 Agrupámos os seguintes grupos étnicos nos outros grupos étnicos não-muçulmanos: Bobo, Dioula, Foulani, Gourmantché, Gourounsi, Lobi, Senoufo, Touareg/Bella, Bissa, Samo e aqueles que responderam que não sabiam.

	Outros grupos étnicos
Idade gestacional	Nascimentos prematuros
	Nascimentos a termo completo
Nível de vida	Baixo Médio Alto
Actividades realizadas	Sem emprego Trabalhadores assalariados Outras actividades
A religião da mãe	Católica muçulmana Outras religiões
O sexo do bebé	Masculino Feminino

11.5 Descrição da amostra do estudo

O Quadro 3 apresenta a estrutura da amostra utilizada para este estudo e pelas características das mulheres. Regista os números e percentagens do número de mulheres incluídas no estudo e de acordo com os termos das variáveis explicativas.

Quadro 3: Descrição da amostra feminina, OPO 2009-2012

Variáveis explicativas/Mulheres		
Modalidades	Mão de obra	Percentagens (%)
Tipo de área		
Lotie	1059	36,3
Não atribuído	1860	63,7
Nível de educação		
Nenhum nível	1035	35,5
Primário	1030	35,3
Secundário e superior	854	29,3
Geminação		
Uma criança	2805	96,1
Duas ou mais crianças	114	3,9
Estado civil		
Noivas	957	32,8
Outros não casados	1962	67,2
Desejabilidade de gravidez		
Agora	2562	87,8
Mais tarde	214	7,3
Outros	243	4,9
Idade da mãe no parto		
< a 20 anos	267	9,1
Entre 20 e 34 anos de idade	2342	80,2
Entre 35 anos e mais	310	10,6
Grupo étnico		

Mossis	2602	89,1
Outros grupos étnicos	317	10,9
Idade gestacional		
Nascimentos prematuros	782	26,8
Nascimentos a termo completo	2137	73,2
Nível de vida do agregado familiar		
Em baixo	1570	53,8
Médio	1162	39,8
Alto	187	6,4
Actividade realizada		
Não	1813	62,1
Empregados	392	13,4
Outros	714	24,5
A religião da mãe		
Católico	803	27,5
Mulher muçulmana	1915	65,6
Outras religiões	201	6,9
O sexo do bebé		
Sexo masculino	1440	49,3
Feminino	1479	50,7
Conjunto	**2919**	**100 %**

Olhando para as diferentes características das mães, é evidente que a amostra é predominantemente composta por mães que vivem em áreas não habitadas (63,7%), e 96,1% delas eram portadoras de uma gravidez de um só feto. As que tinham desejado uma gravidez representavam 87,8% e 67,2% destas mulheres não estavam em união. Do mesmo modo, a maioria destas mulheres tinha entre 20 e 34 anos de idade (80,2%), 89,1% delas pertenciam ao grupo étnico muçulmano e 73,2% tinham dado à luz bebés a termo. As mulheres com baixo nível de vida eram na sua maioria (53,8%), 62,1% destas mulheres não tinham emprego, 65,6% pertenciam à religião muçulmana e 50,7% das mulheres tinham dado à luz a bebés do sexo feminino.

11.6 Métodos de análise

Vários métodos estatísticos foram utilizados para testar as hipóteses acima delineadas. Os dados foram analisados utilizando o SPSS (Statistical Package for Social Science) versão 20. A análise começou com um tipo plano de cada variável, a fim de avaliar a distribuição das diferentes variáveis. Assim, as modalidades com os números mais baixos foram sistematicamente agrupadas e recodificadas antes de se apresentar uma tabela descritiva da amostra.

Depois, a nível bivariado, a influência dos efeitos em bruto dos factores explicativos do baixo peso à nascença foi examinada utilizando uma tabela de contingência. Isto permitiu investigar as relações estatísticas com base em pressupostos sobre a direcção da relação entre a variável dependente e cada variável independente. O significado da associação foi medido utilizando testes específicos de associação incluindo o Qui-quadrado e o V de Cramer para avaliar a força da relação. Foi utilizado um nível de significância estatística de 0,1 (10%).

Embora a análise descritiva realizada neste estudo sugerisse relações estatísticas entre a variável dependente e algumas das variáveis independentes, estas relações observadas podem ser espúrias uma vez que não têm em conta os efeitos de outras variáveis que podem perturbar a relação. Por conseguinte, foi necessário ter em conta todas as variáveis numa abordagem multivariada.

Esta análise explicativa multivariada foi realizada utilizando regressão logística binária devido à natureza qualitativa e dicotómica da variável dependente.

A regressão logística é utilizada para identificar as relações entre a ocorrência de um evento e cada um dos factores associados, controlando ao mesmo tempo os factores de confusão. Permite detectar e ter em conta as interacções.

Tem também a vantagem de fornecer o efeito das modalidades de cada uma das variáveis explicativas na presença das outras e, por fim, permitir-nos-á dar uma opinião sobre as várias hipóteses de trabalho anteriormente enunciadas na parte teórica do estudo.

No modelo bruto, cada variável foi introduzida uma a uma para determinar os respectivos efeitos. Para o efeito líquido, foram seleccionados dois modelos e as variáveis foram introduzidas por grupo de factores de acordo com as suposições feitas no trabalho para o primeiro modelo, e depois todas as variáveis foram introduzidas ao mesmo tempo no último modelo, a fim de avaliar a evolução do R-dois e a variação de cada uma das variáveis introduzidas.

CAPÍTULO III: APRESENTAÇÃO DOS RESULTADOS

Este capítulo relata os resultados do estudo dos factores associados ao baixo peso à nascença. Permitirá assim aos leitores verificar se os principais factores de risco identificados influenciam o baixo peso à nascença. Este capítulo apresenta também os resultados das análises descritivas e de regressão logística realizadas.

III.1 Resultados da análise bivariada

Após uma apresentação do contexto do estudo, das considerações teóricas relacionadas com os factores explicativos do baixo peso à nascença, das hipóteses do estudo e da metodologia, passamos agora à parte das análises dedicada à análise descritiva. Como já foi mencionado, na análise descritiva bivariada, as associações entre as variáveis explicativas e a variável dependente (baixo peso à nascença), bem como a força destas associações serão examinadas utilizando os testes Qui-quadrado e Cramer V.

Quadro 4: Resultados da análise bivariada

Variáveis explicativas / Modalidades	Baixo peso à nascença		Resultados dos testes estatísticos	
	Mão de obra	Prevalências (%)	Valores qui-quadrados e significado	Valores e significados e V de cramer
Tipo de área			0,012	0,002
Loti	138	13,0		
Não atribuído	245	13,2		
Nível de educação			0,883	0,017
Não	141	13,6		
Primário	127	12,3		
Secundário e superior	115	13,5		
Geminação			269.776****	0,304****
Uma criança	310	11,1		
Duas ou mais crianças	73	64,0		
Estado civil			0,781	0,016
Noivas	118	12,3		
Outros não casados	265	13,5		
Desejabilidade de gravidez			4,358	0,039
Agora	327	12,8		
Mais tarde	38	17,8		
Outros	18	12,6		
Idade da mãe no parto			13,393***	0,068***
< a 20 anos	54	20,2		
Entre 20 e 34 anos de idade	294	12,6		

Entre 35 anos e mais	35	11,3		
Grupo étnico			**3,484***	**0,035***
Mossis	352	13,5		
Outros grupos étnicos	31	9,8		
Idade gestacional			**3,631***	**0,035***
Nascimentos prematuros	118	15,1		
Nascimentos a termo completo	265	12,4		
Nível de vida do agregado familiar			**0,458**	**0,013**
Em baixo	208	13,2		
Médio	148	12,7		
Alto	27	14,4		
Actividade realizada			**0,271**	**0,010**
Não	237	13,1		
Empregados	49	12,5		
Outros	97	13,6		
A religião da mãe			**0,982**	**0,018**
Católico	109	13,6		
Mulher muçulmana	252	13,2		
Outras religiões	22	10,9		
Género			**8,727***	**0,055*****
Sexo masculino	162	11,2		
Feminino	221	14,9		

Nota: *: significativo a 10%; **: significativo a 5%.

: significativo a 1%; *: significativo a 1‰

Em relação aos resultados da tabela anterior, os testes de associação estatística realizados mostram uma relação significativa entre certas variáveis explicativas e a ocorrência de baixo peso à nascença, mas também se observa uma ausência de relação entre outras variáveis explicativas e baixo peso à nascença.

Para facilitar a interpretação e compreensão destes resultados, eles foram agrupados da seguinte forma: Relações presentes e indo na direcção esperada, relações presentes e indo na direcção inesperada, relações ausentes e indo na direcção esperada, relações ausentes indo na direcção inesperada e relações ausentes completamente ausentes.

111.1.1 Interpretação dos resultados dos testes de associação da análise bivariada.

111.1.1.1 As relações estatísticas estão presentes e na direcção esperada.

Os resultados da nossa análise mostram que existe uma relação positiva entre o twinhood e a ocorrência de baixo peso à nascença. A proporção de bebés com baixo peso à nascença é maior entre as mães que dão à luz gémeos (64%) do que entre as que dão à luz solteiros (11,1%), e esta relação é estatisticamente positiva e significativa ao nível de 1%.

Da mesma forma, a análise revela uma associação significativa ao nível de 1% entre a idade da mãe no parto e a ocorrência de baixo peso à nascença. Entre as mães cuja idade no parto era inferior a 20 anos, a proporção de bebés com baixo peso à nascença era de 20,2% em comparação com 11,3% para aqueles com 35 anos ou mais.

Em relação à idade gestacional, os resultados dos testes de associação mostram a existência de uma relação positiva fraca entre a duração da gravidez e a ocorrência de baixo peso à nascença com um significado abaixo do limiar de 10%. A proporção de bebés com baixo peso à nascença é mais elevada nos nascimentos pré-termo 15,1% do que nos nascimentos a termo 12,4%.

Os resultados da análise mostram que o sexo do bebé está fortemente associado à ocorrência de baixo peso à nascença no limiar de 1%, com uma maior proporção de baixo peso à nascença entre os bebés do sexo feminino (14,9%) do que entre os bebés do sexo masculino (11,2%).

Finalmente, a análise revela uma associação estatística positiva a um nível de significância inferior a 10% entre a etnia das mães e a ocorrência de baixo peso à nascença.

A proporção de baixo peso à nascença entre as mães pertencentes aos grupos étnicos muçulmanos é mais elevada (13,5%) do que entre os outros grupos étnicos não-muçulmanos (9,8%).

111.1.1.2 Relações estatísticas presentes e em movimento na direcção inesperada

Note-se que, nesta análise descritiva, nenhum dos resultados positivos obtidos foi inesperadamente consistente com as suposições feitas no início deste trabalho.

111.1.1.3 Relações estatísticas ausentes mas na direcção esperada.

A actividade desempenhada pela mulher neste trabalho não influencia a ocorrência de baixo peso à nascença. Esta relação está estatisticamente ausente e a análise das proporções não dá qualquer diferença significativa. A proporção de mulheres que não trabalham é de 13,1%, em comparação com 12,5% para os empregados e 13,6% para os outros.

111.1.1.4 Relações estatísticas ausentes e na direcção inesperada.

A área de residência não é um factor estatisticamente associado com a ocorrência de baixo peso à nascença neste trabalho.

De facto, não há diferença significativa de acordo com os resultados da tabulação cruzada entre a proporção de crianças com baixo peso à nascença entre as mulheres que vivem em áreas não habitadas 13,2% e as que vivem em áreas habitadas 13%.

Do mesmo modo, o nível de educação de uma mulher não está estatisticamente associado à ocorrência de baixo peso à nascença. Quando as proporções são tidas em conta, a análise revela que as mulheres sem instrução e as que têm o ensino secundário e, sobretudo, ocupam proporções da ordem dos 13%.

O estado civil da mulher, ao contrário do que foi afirmado na hipótese, não está estatisticamente associado à ocorrência de baixo peso à nascença neste estudo. A proporção de baixo peso à nascença entre mulheres casadas é de 12,3% em comparação com 13,5% entre outras mulheres não casadas.

Finalmente, os resultados descritivos deste estudo mostraram que se uma mulher queria ou não uma gravidez não era um factor associado ao baixo peso à nascença. No entanto, quando as proporções são tidas em conta, aqueles que querem engravidar mais tarde parecem estar em maior risco de baixo peso à nascença (17,8%) do que aqueles que querem engravidar agora e as outras mulheres (12%).

111.1.1.5 Relações estatisticamente ausentes

A análise descritiva realizada neste estudo mostra a ausência de relações estatísticas entre a ocorrência de baixo peso à nascença e a religião da mãe.

De facto, as religiões católica e muçulmana ocupam proporções de 13% apesar do facto de duas vezes mais mulheres muçulmanas do que católicas (252 contra 109).

111.2 Resultados das análises multivariadas

Quadro 5: Efeitos brutos da regressão logística binária, OPO 2009-2012

Variáveis explicativas / Modalidades	Baixo peso à nascença
	Efeitos brutos
	Valores e significados OR
Tipo de área	
Loti	Referência
Não atribuído	1,01
Nível de educação	
Não	Referência
Primário	0,892
Secundário e superior	0,987
Geminação	
Uma criança	Referência
Duas ou mais crianças	14,33****
Estado civil	
Noivas	Referência
Outros não casados	1,11
Desejabilidade de gravidez	

Agora	Referência
Mais tarde	1,476**
Outros	0,984
Idade da mãe no parto	
< a 20 anos	1,766***
Entre 20 e 34 anos de idade	Referência
Entre 35 anos e mais	0,887
Grupos étnicos	
Mossis	1,443*
Outros grupos étnicos	Referência
Idade gestacional	
Nascimentos prematuros	1,255*
Nascimentos a termo completo	Referência
Nível de vida	
Em baixo	0,905
Médio	0,865
Alto	Referência
Actividade realizada	
Não	0,957
Empregados	0,909
Outros	Referência
A religião da mãe	
Católico	1,278
Mulher muçulmana	1,233
Outra religião	Referência
Género	
Sexo masculino	Referência
Feminino	1,386***

Nota: *: significativo a 10%; **: significativo a 5%.

: significativo a 1%; *: significativo a *1%*.

111.2.1 Interpretação dos resultados da regressão logística binária em bruto.

111.2.1.1 Relações estatísticas presentes e em conformidade com as expectativas.

Esta análise mostra que existe uma relação estatisticamente positiva entre o twinhood e a ocorrência de baixo peso à nascença ao nível de 1% de significância.

As mulheres que dão à luz gémeas têm 14 vezes mais probabilidades de dar à luz bebés de baixo peso do que as que dão à luz gémeas de uma só tonelada.

Da mesma forma, os resultados da análise revelam que a idade da mãe no parto está estatisticamente associada à ocorrência de baixo peso à nascença ao nível de 10% de significância. As mulheres cuja idade no parto era inferior a 20 anos tinham 1,8 vezes mais probabilidades de dar à luz bebés de baixo peso do que as de 20 a 34 anos de idade.

Também a idade gestacional da mãe está estatisticamente associada à explicação da ocorrência de baixo peso à nascença ao nível de 10% de significância. As mulheres que dão à luz prematuramente são 1,3 vezes mais propensas a dar à luz bebés de baixo peso do que as que dão à luz a termo.

Ao contrário do resultado da análise descritiva, o desejo de gravidez está associado à explicação da ocorrência de baixo peso à nascença no efeito rudimentar da análise multivariada. Esta associação é significativa ao nível de 5%. O risco de dar à luz uma criança de baixo peso à nascença é 1,5 vezes maior naqueles que querem engravidar mais tarde do que naqueles que querem engravidar agora.

Quanto ao sexo da criança, os resultados da análise multivariada, bem como os da análise descritiva, indicam que está estatisticamente associada à ocorrência de baixo peso à nascença e esta associação é significativa no limiar de 10%. Assim, as raparigas têm 1,4 vezes mais probabilidades de nascer com baixo peso à nascença do que os rapazes.

Finalmente, a etnia está associada à ocorrência de baixo peso à nascença neste estudo. A associação é estatisticamente significativa ao nível de 10%. As mulheres do grupo étnico muçulmano tinham 1,4 vezes mais probabilidades de dar à luz bebés de baixo peso do que as de outros grupos étnicos.

111.2.1.2 Relações estatísticas ausentes mas na direcção esperada

O estudo mostra que estar ou não empregado não tem qualquer influência na explicação da ocorrência de baixo peso à nascença.

111.2.1.3 Relações estatísticas ausentes e na direcção inesperada

Os resultados da análise mostram que não há associação entre o baixo peso à nascença e uma série de variáveis, incluindo a área de residência da mulher, o nível de educação, o nível de vida e o estado civil. Ao contrário do que foi afirmado nas hipóteses, estas variáveis não são estatisticamente significativas.

111.2.1.4 Relações totalmente ausentes

Tal como se verifica nos resultados da análise descritiva, existe uma completa falta de associação entre a ocorrência de baixo peso à nascença e a filiação religiosa da mãe, de acordo com os resultados do efeito rudimentar.

Quadro 6: Apresentação dos efeitos líquidos

Variáveis e modalidades	Modelos	
	Modelo 1	Modelo 2

Idade gestacional		
Nascimentos prematuros	1,25* 1	1,25*
Nascimentos a termo completo		1
Geminação		
Uma criança		1
Duas ou mais crianças	1 15,31***	15,57***
Idade da mãe no parto		
< a 20 anos		
Entre 20 e 34 anos de idade	2,12***	2 09***
Entre 35 anos e mais	1 0,86	1 0,85
Estado civil		
Noivas	1	1
Outros não casados	1,07	1,08
Sexo infantil		
Feminino	1,35**	1,34**
Sexo masculino	1	1
A religião da mãe		
Católico		0,84
Mulher muçulmana		0,96
Outra religião		1
Tipo de área		
Loti		1 0,99
Não atribuído		
Nível de educação		
Não		0,84
Primário		0,96
Secundário e superior		1
Desejabilidade de gravidez		
Agora Mais tarde Outros		1 1,29 0,94
Nível de vida do agregado familiar		
Baixo Médio Alto		0,87
		0,84
		1
Grupo étnico		
Mossis		1,24
Outros grupos étnicos		1
Actividade realizada		
Não		1,02 0,91
Empregados		1
Outros		**0,127**
R-dois do modelo	0,122	

Nota: *: significativo a 10%; **: significativo a 5%.

III.3 Interpretação dos resultados dos dois modelos de efeito líquido

111.3.1 Modelo 1: Gravidez e factores demográficos

O modelo 1 relaciona factores relacionados com a gravidez (duração da gravidez, tipo de nascimento e sexo do bebé) e factores demográficos (idade da mãe no parto e estado civil) na explicação da ocorrência de baixo peso à nascença. Confirma que estes dois factores são responsáveis por 12,2% da explicação da ocorrência de baixo peso à nascença.

No entanto, o estado civil não explica a diferença de peso observada entre as crianças neste modelo. Por outro lado, a idade gestacional, a idade gestacional, a idade da mãe no parto e o sexo do bebé são variáveis associadas à ocorrência de baixo peso à nascença neste modelo.

Modelo 2: O conjunto de variáveis tomadas em consideração

Este modelo tem em conta todas as variáveis explicativas. Confirma que o estado civil, a religião da mãe, o tipo de área de habitação, o nível de educação, o nível de vida e a actividade da mãe não constituem factores explicativos do baixo peso à nascença. Por outro lado, a idade gestacional, a geminação, a idade da mãe com menos de 20 anos no momento do parto e o sexo da criança são factores explicativos para a ocorrência de baixo peso à nascença. No que diz respeito ao desejo de gravidez e grupo étnico, a associação estatística observada no efeito bruto entre aqueles que não queriam estar grávidos agora e o baixo peso à nascença desapareceu após o controlo para outras variáveis do modelo. O R-dois deste modelo é de 12,7%, uma diferença de 0,5% em relação ao modelo 1.

Tendo em conta os resultados obtidos após a análise dos efeitos líquidos, podemos comentar as suposições feitas no início deste trabalho.

Hipótese 1: *Os nascimentos prematuros são mais propensos ao baixo peso à nascença do que os nascimentos a termo.* Esta hipótese é apoiada. Os nascimentos prematuros são 1,2 vezes mais propensos a nascer com baixo peso do que os nascimentos a termo.

Hipótese 2: *As gestações gémeas são mais propensas ao baixo peso à nascença do que as gestações de uma só tonelada.* Esta hipótese também é apoiada. As mulheres que dão à luz gémeas são quinze vezes mais propensas a dar à luz bebés de baixo peso à nascença.

Hipótese 3: *As mães com menos de 20 anos de idade e as de 35 anos ou mais estão mais expostas ao baixo peso à nascença do que as de 20-34 anos.* Assim, esta hipótese é parcialmente apoiada. Os resultados das análises mostram que as mães com menos de 20 anos de idade têm o dobro da probabilidade de dar à luz bebés com baixo peso à nascença do que as com idades compreendidas entre os 20 e os 34 anos. Deve notar-se que a associação entre baixo peso à nascença e idade igual ou superior a 35 anos não foi testada no estudo.

Hipótese 4: *As mulheres fora da união são mais propensas ao baixo peso à nascença do que as que estão em união.* Esta hipótese não é testada.

Hipótese 5: *As mães portadoras de gravidezes indesejadas correm um risco maior de baixo peso à nascença do que as portadoras de gravidezes desejadas.* Esta hipótese não é testada neste trabalho.

Hipótese 6: *As mulheres que vivem em áreas não assentadas correm mais riscos de LBW do que as que vivem em áreas assentadas.* Esta hipótese não é testada neste trabalho.

Hipótese 7: *Não ter educação é um factor associado à LBW.* Esta hipótese não é verificada neste trabalho.

Hipótese 8: *O sexo feminino é mais exposto ao baixo peso do que o sexo masculino.* Esta hipótese é apoiada. As crianças do sexo feminino têm 1,3 vezes mais probabilidades de nascer com um peso baixo do que os filhos do sexo masculino.

Hipótese 9: *LBW é mais comum entre as mães de famílias de baixos rendimentos do que entre as de famílias de altos rendimentos.* Esta hipótese não é testada neste trabalho.

Hipótese 10*: **Estar num** emprego remunerado é um factor de protecção contra a LBW.* Esta hipótese é verificada.

Hipótese 11*: As mulheres muçulmanas estão mais expostas à PFN do que outras mulheres.* Esta hipótese não foi testada.

III.5 Discussão dos resultados

A análise multivariada, em particular o método de regressão logística binária, permitiu determinar os efeitos brutos e líquidos das diferentes variáveis explicativas sobre a ocorrência de baixo peso à nascença neste estudo. Os resultados da análise são discutidos tendo em conta os elementos do contexto Burkinabe, fornecidos pela revisão bibliográfica.

111.5.1 Relações estatisticamente presentes

Os resultados do estudo mostram que a idade da mãe no parto continua a ser um factor fortemente associado à ocorrência de baixo peso à nascença.

De facto, as mães com menos de 20 anos de idade no momento do parto são mais propensas a dar à luz bebés de baixo peso do que as que têm entre 20 e 34 anos de idade. Um grande número de estudos realizados em África sobre baixo peso à nascença confirmam este resultado (OUSMANE, 2001). Isto poderia ser explicado pelo facto de o desenvolvimento fisiológico destas jovens mães não estar a termo no momento do parto, o que também aumenta o risco de mortalidade materna no mesmo grupo etário. Também as mães jovens são aquelas que têm frequentemente um nível de educação e rendimentos muito baixo, limitando assim o seu acesso aos serviços de saúde pré-natal e à informação.

Além disso, o estudo concluiu que a geminação está fortemente associada à ocorrência de baixo peso à nascença. As mulheres com gravidezes gémeas são mais propensas a dar à luz bebés de baixo peso à nascença do que as que têm gravidezes de um só tom. Este resultado é consistente com um estudo realizado no Sahel tunisino (LETAIEF, 2001).

Isto pode ser explicado pela desnutrição das mulheres grávidas, especialmente tendo em conta o contexto periférico em que o estudo teve lugar, onde se presta menos atenção à qualidade dos alimentos.

Também as mulheres com gravidezes múltiplas são propensas a hipertensão arterial e anemia.

O nascimento de uma menina é um factor que predispõe ao baixo peso à nascença. A maioria dos estudos de investigação destacaram a associação desta variável à ocorrência de baixo peso à nascença (KABORE *et al.,* 2007; MEDA *et al.,* 1995). KRAMER (1987) justifica isto pela susceptibilidade das raparigas ao retardamento do crescimento intra-uterino em comparação com os rapazes nos países ocidentais, o que poderia certamente ser válido para os países do Terceiro Mundo em geral, mas especialmente na periferia de Ouagadougou através da desnutrição.

Este trabalho também mostra que as mães do grupo étnico Mossi têm mais probabilidades de dar à luz bebés com baixo peso à nascença do que outros grupos étnicos. Embora esta associação tenha sido vista apenas nos resultados brutos da regressão, este resultado não parece surpreender, dado que as crenças de gravidez entre as mulheres muçulmanas são frequentemente a razão para a sua declaração tardia de gravidez, o que também explica a sua utilização tardia dos serviços de saúde pré-natal. Mas isto poderia ser verificado por um estudo qualitativo aprofundado nestas zonas periféricas.

As gravidezes indesejadas são sujeitas a relatórios tardios e, consequentemente, a um recurso tardio aos serviços de cuidados pré-natais. Apesar do efeito confuso desta variável neste trabalho, estes resultados são consistentes com os de outros estudos (MOUFTAOU, 2011). As gravidezes indesejadas também levam algumas mulheres a recorrer a práticas abortivas tradicionais que, quando mal sucedidas, impedem o desenvolvimento intra-uterino normal do feto, resultando no seu peso à nascença.

Finalmente, este estudo revela que os nascimentos prematuros estão mais expostos ao risco de baixo peso à nascença do que os que chegam a termo. Uma tendência semelhante foi observada por outros autores que apontam para uma forte associação (PAMBOU, 2006).

Isto é simplesmente porque os bebés que nascem prematuros não completaram o seu desenvolvimento intra-uterino.

111.5.2 Ausência de relações estatísticas.

Este estudo mostra que a área de residência, o estado civil, a filiação religiosa da mãe, o nível de educação, o nível de vida do agregado familiar e a actividade da mãe não são estatisticamente significativos para explicar a ocorrência de baixo peso à nascença.

Os resultados do estudo revelaram que o nível de educação da mãe não estava associado com a ocorrência de baixo peso à nascença. Este resultado não concorda com o observado num estudo realizado nos Camarões, onde as mulheres que não tiveram educação estavam mais em risco de dar à luz bebés de baixo peso (TIETCHE, 1998). Isto pode ser atribuído ao forte papel dos meios de comunicação social nestas zonas periféricas.

De facto, a maioria dos habitantes destas zonas periféricas são do grupo étnico Mossi (91%) e Mooré é a língua de comunicação mais falada em Ouagadougou, mas também a língua mais utilizada pelos meios de comunicação social públicos e privados para comunicar e transmitir informações e mensagens sobre educação sanitária em geral e sobre o acesso aos serviços de cuidados pré-natais em particular por parte dos decisores e do pessoal de saúde.

Além disso, o nível de vida da mulher não está associado à ocorrência de baixo peso à nascença neste trabalho. Estes resultados não corroboram os de Tietche e colegas que descobriram que o baixo nível de vida de uma mulher é um factor de risco para o baixo peso à nascença. Estes mesmos resultados foram obtidos num estudo realizado no Benin (AKPOVI, 1998). Como elementos explicativos, sabemos que desde a adopção da Iniciativa Bamako (BI) pelo governo Burkinabe em 1987, as políticas de saúde têm favorecido as mulheres grávidas e as crianças, dados os indicadores de morbilidade e mortalidade bastante alarmantes nestes grupos populacionais, através de uma estratégia de isenção de custos de cuidados de saúde, facilitando assim o acesso das mulheres a cuidados de saúde nestas zonas periféricas, independentemente do seu nível de rendimento. Este fácil acesso a instalações de cuidados de saúde para estes grupos vulneráveis foi também reforçado pelos esforços das autoridades de Burkinabe para alcançar os Objectivos de Desenvolvimento do Milénio (ODM)[21] 4 e 5. Além disso, o governo do Burkina Faso estabeleceu uma política nacional de saúde em 2000, o que levou a progressos na melhoria do acesso aos serviços e cuidados de saúde.

---

21 ODM 4: Reduzir em dois terços, entre 1990 e 2015, a taxa de mortalidade de menores de cinco anos. ODM 5: Reduzir em três quartos, entre 1990 e 2015, a taxa de mortalidade materna.

Finalmente, a área de residência não está estatisticamente associada com a ocorrência de baixo peso à nascença de acordo com os resultados da análise. Isto poderia, sem dúvida, ser explicado pela proximidade geográfica das áreas não alojadas com aquelas alojadas em áreas com instalações de cuidados de saúde primários que oferecem serviços de cuidados pré-natais, e poderia, portanto, ser um efeito de imitação das mulheres que vivem em áreas não alojadas em termos de acesso a cuidados e assistência em clínicas pré-natais.

111.5.3 Limites

O estudo procura contribuir para o reforço dos conhecimentos sobre os factores associados ao baixo peso à nascença nas zonas periféricas da capital Ouagadougou. No entanto, tem certas limitações que devem ser salientadas.

A base de dados utilizada no estudo não contém certas variáveis-chave, tais como a qualidade da dieta da mulher grávida, que é essencial para explicar a ocorrência de baixo peso ao nascer, ou a consulta pré-natal (PC), que só foi recolhida a partir da ronda 3. Além disso, os dados da análise poderiam ser enviesados através da comunicação de erros (fiabilidade das respostas), o que afectaria negativamente a qualidade dos resultados.

CONCLUSÃO.

O estudo confirmou que o baixo peso à nascença continua a ser uma realidade nas áreas monitorizadas pelo Observatório da População de Ouagadougou com uma proporção de 13,1%. Os determinantes estatisticamente associados a este fenómeno foram a idade das mães no parto, especialmente quando tem menos de 20 anos, gravidezes gémeas, a conveniência da gravidez, a prematuridade, o sexo do bebé e a etnia.

Os resultados das análises mostram que, para além dos determinantes fisiológicos ou genéticos que não podem ser modificados, certos determinantes como a idade da mãe no parto e a idade gestacional, particularmente os nascimentos prematuros, podem ser controlados.

É por isso que acções de sensibilização bem orientadas e coordenadas sobre a idade da mãe no seu primeiro parto, que muitas vezes depende do casamento precoce, e especialmente a dieta da mulher grávida, que pode ser ou um factor de protecção ou um factor de exposição à pré-maturidade, poderia ter um impacto na ocorrência de baixo peso à nascença nestas zonas periféricas.

No entanto, seria necessário um estudo mais aprofundado sobre os hábitos alimentares das mulheres grávidas e especialmente a frequência de clínicas pré-natais nestas áreas monitorizadas pela OPO para determinar a contribuição destes factores para a ocorrência de baixo peso à nascença.

REFERÊNCIAS BIBLIOGRÁFICAS

ACC/SCN. (2000). Baixo peso à nascença (Documento de Política Nutricional 18). Genebra.

ACC/SCN. (2000) "Fourth report on the world nutrition situation. Genebra.

AKOTO,E. (1993). *Determinantes sócio-culturais da mortalidade infantil na África Negra: hipóteses e procura de explicações.* Lovaina: Lovain-La-Nova Académia.

AKPOVI, J. PERRIN, R .X. ALIHONOU, E. (1998). Factores de risco de baixo peso à nascença em Cotonou. *Le Benin Medical:Special Gynecologie et Obstetrique* (8), 72.

ALBANE, T. (2005). Comportamento alimentar das mulheres grávidas em Ouagadougou. *Dissertação D.E.S.S. em Nutrição e Alimentação nos Países em Desenvolvimento.* Ouagadougou, Burkina Faso.

ALBERTSSON-WIKLAND, K., KARLBERG J. (1994). Crescimento natural em crianças nascidas pequenas para a idade gestacional com e sem crescimento de recuperação. *Acta Pediatrica , 399*, 64-70.

ALEGRE,A.; RODRIGUEZ-ESCUDERO, F.J., CRUZ, E., PRADAR,-E. (1984). Influência do trabalho durante a gravidez no peso fetal. *Journal of Reproductive Medicine , 5* (29), 334-336.

ANOH, A., FASSASSI, R e VIMARD, P.F. (2002). *Política demográfica e planeamento familiar na Costa do Marfim.* Les dossiers du CEPED.

ARMSTRONG, B.G., MACDONALD. A.D., SLOAN M. (1992). Cigarro, consumo de álcool e café e aborto espontâneo. *American Journal of Public Health , 82* (1), 85-87.

ASHWORTH, A. (1998). Efeitos do retardamento do crescimento intra-uterino na mortalidade e morbilidade de bebés e crianças pequenas. *European Journal of Clinical Nutrition , 52*, 34-42.

AUBRY, P. (2003). Malária: actualização. *Obstet.Gynecol , 22.*

BDMS-ONE. (2010). Estatísticas de nascimento. Bélgica.

BEHRMAN,R. (1985). *Prevenir o baixo peso à nascença. Resumo.* Washington D.C. Division of Health Promotion and Disease Prevention Institute of Medicine, National Academy Press.

BHUTTA, Z.A., DARMSTADT, G.L., HASAN,B. S,. HAWS R, A. (2005). Intervenções comunitárias para melhorar os resultados de saúde perinatal e neonatal nos países em desenvolvimento: uma revisão das provas. *Pediatria* (115 (suppl)), S519-S617.

BENINGUISSE, G. (2003), Entre tradition et modernité. Les fondements sociaux de la prise en charge de la grossesse et de l'accouchement au Cameroun, Academia- Bruylant/L'Harmattan,

Louvain-la-Neuve, 297.

BOAZ-O N. (1999). Doenças tropicais e gravidez. *19* (2), 56.

BOBOSSI, SG., MBONGO-ZINDAMOYEN,AN., KALAMBAY,K., DIEMER, H., SIOPATHIS, R.M. (1999). Factores de mortalidade dos recém-nascidos nas zonas semi-rurais da África Central. *Médecine d'Afrique Noire, 46* (10), 446.

BONNET, D. (1988), Corps biologique et corps social. Procreation et maladies de l'enfant en pays mossi, Burkina Faso, Editions l'ORSTOM, Paris, 138.

BOYER, F D. (2009). *Peuplement de Ouagadougou et développement urbain.* Provisional, IRD, Ouagadougou.

BRICAIRE, F., DANIS, M., GENTILINI, M. (1993). Malária e gravidez. *Cahier de Santé 3*, 289-292.

CALDWELL, J.C. (1979). A educação como factor de declínio da mortalidade: um exame dos dados nigerianos. *Estudos populacionais , 33* (3), 395-415.

CAMARA, B., DIACK, B., DIOUF, S., SY, H., SALL, M.G., BA, M., SARR, K., HANNE, C., THIAM, L., DIOUF, D., SOW, M., FALL (1996). Baixo peso à nascença: Frequência e factores de risco no distrito de Guediawaye (BANLIEUE DE DAKAR - SENEGAL). *Médecine d'Afrique Noire, 43* (5), 261-265.

CASILLI ,W.G., VALLIN, J. (2002). Demografia: análise e síntese: os determinantes da mortalidade *3*.

CHAULIAC, M. (1991). Interpretação das medidas antropométricas do recém-nascido. Bibliografia da Synthèse. *Les bulletins du Centre International de L'Enfance.* (34).

COLES, C.D. (1993). Impacto da exposição pré-natal ao álcool sobre o recém-nascido e a criança. *Clinical Obstetrics and Gynecology , 36* (2), 255-266.

COLIN, C., DESROSIERS, H. (1989). Naitre égaux et en Santé: Avis sur la grossesse en milieu défavorisé, Quebec. 153.

CONGO, Z. (2007). *Les facteurs de la contraception au Burkina Faso au tournant du siècle.* Les collections du CEPED.

DAVIDSON, N., FELICE, M. (1992). Gravidez na adolescência. In: Friedman S,Fisher M, Schonberg S, eds.Comprehensive adolescent health careSt Louis, MO. *Quality Medical Publishing Inc., ,* 1026-1040.

DE ONIS, M., VILLAR, J., GULMEZOGLU, M. (1998). Intervenção nutricional para prevenir o retardamento do crescimento intra-uterino: Provas de ensaios controlados aleatórios. *Revista Europeia de Nutrição Clínica , 58* (1), 83-93.

DELPISHCH, A., ATTIA, E., DRAMMOND, S., BRABIN, B.J. (2005). O tabagismo de adolescentes na gravidez e resultados do nascimento. *European Journal of Public Health , 16* (2), 168172.

E&D.(2011).*relatório de actividade.*

http://www.enfantsetdeveloppement.org/documentation/Rapports-moraux-8/48-Rapport-   moral-2011.pdf. [acedido a 28 de Maio de 2013].

ERNHART, C., SOKOL, R.J., MARTIER, S., MORON, P., NADLER, D., AGER, J.W., WOLF, A. (1987). Alcohol teratogenicity in the human: a detailed assessment of the specificity, critical period, and threshold. *American Journal of Obstetrics and Gynecology , 156* (1), 33-39.

EZECHI ,O.C., MAKINDE, O.N., KALU, B.E., NNATU, S.N. (2003). Factores de Risco para o parto prematuro no Sudoeste da Nigéria. *J Obstet Gynaecol, 23* (4), 387-91.

FRIEDL, J. (1982). Mecanismos de interacção entre Educação e saúde: Discussão. *Política de Saúde e Educação , 38* (11), 101-104.

GIBBS, R.S., ROMERO, R., HILLIER, S.L., ESCHEMBCH, D.A., SWEET, R.L. (1992). Uma revisão do nascimento prematuro e da infecção subclínica. *American Journal of Obstetrics and Gynecology, 5* (166), 1515-1528.

HANVEY ,L. A. (1994). *The health of Canada's children: a profile from the Canadian Institute of Child Health* (ed.). Ottawa, Ottawa: Instituto Canadiano de Saúde da Criança.

HARRISON ,H.A. (1985). As relações entre altura materna, nascimento fetal e desproporção cefalopélvica sugerem que as jovens primigravidae nigerianas crescem durante a gravidez. *British Journal of Obstetrics and Gynaecology , 5* (92), 42-48.

HEDEGAARD, M., HENRIKSEN, T.B., SABROE, S., SECHER, N.J. (1993). angústia psicológica na gravidez e no parto prematuro. *British Medical Journal , 307* (6898), 234-239.

HENRIKSEN, T. S. (1994). Emprego durante a gravidez em relação a factores de risco e resultado da gravidez. *British Journal of Obstetrics and Gynaecology , 10* (101), 858-856.

HINDS, T.S., WEST, W.L., KNIGHT, E.M., HARLAND, B.F. (1996). O efeito da cafeína nas variáveis de resultado da gravidez. *Nutrition Revue, 54* (7), 203-207.

INSTITUTO NACIONAL DE ESTATÍSTICA E DEMOGRAFIA (2009). Analyse de quelques résultats des données de la phase principale de l'enquete integrale sur les conditions de vie des menages EICVM.

INSTITUTO NACIONAL DE ESTATÍSTICA E DEMOGRAFIA (2009).
Monografia da comuna urbana de Ouagadougou. Ouagadougou: Burkina Faso.

INSTITUTO NACIONAL DE ESTATÍSTICA E DEMOGRAFIA (2008). *Enquete par clampes à l'indicateurs Multiples: Suivi de la situation des enfants et des femmes 2006*. Ouagadougou: Burkina Faso.

JACOBSON, J.L., JACOBSON, S.W., SOKOL, R.J., MARTIER, S.S., AGER, J.W., SHANKARAN, S. (1994). Effects of alcohol use, smoking, and illicit drug on fetal growth in black infants. *Journal of pediactrics , 124* (5), 757-764.

JOHNSTONE, F e INGLIS, L. (1974). Tendências familiares no baixo peso à nascença. *British Medical Journal, 3* (5932), 659-661.

KABORE, P., DONNEN, P., WILMET, D. (2007). Factores de risco obstétricos para baixo peso à nascença a termo em zonas rurais do Sahelian. *Journal of Public* Health*, 19* (6), pp. 189-197.

KAFANDO, Y. (2004). Ambiente urbano e problemas de saúde em Ouagadougou: o caso do distrito de Cissin. *Tese de Maitrise/Unité de Formation et de Recherche en Sciences Humaines (U.F.R./S.H.)*. Ouagadougou, Universidade de Ouagadougou. 78p.

KESSEL,.SS. (1988). Diferenças raciais nos resultados da gravidez. *Clin. Perinatol* (15), 745.

KETTERLINUS, R.D., HENDERSON, S.H., LAMB, M.E. (1990). Idade materna, sociodemografia, saúde e comportamento pré-natal: influências no estado de risco neonatal. *Journal of Adolescent Health Care, 11* (5), 423-431.

KOLOGO, O. (2008). *Questões de cooperação descentralizada franco-burquinense no desenvolvimento urbano.*
http://www.memoireonline.com/05/10/3485/m_Enjeux-cooperation-decentralisee-franco-burkinabe-dans-le-developpement-urbain6.html. [Acedido a 28 de Maio de 2013].

KOUTON, E. (1992). Avaliação e investigação sobre a fertilidade precoce no Benin. *Cahier de l'IFORD* (3), 121.

KRAMER, K., JOSEPH, K., MARCOUX ,S., OHLSSON, A., WEN, S., ALLEN, A (1998). Determinants of Preterm Birth Rates in Canada from 1981 to 1983 and from 1992 to 1994. *New England Journal of Medicine , 339* (20), 1434-1439.

KRAMER,.M.S. (1987). Determinantes do baixo peso à nascença: Avaliação metodológica e meta-análise. *Boletim da Organização Mundial da Saúde , 65* (5), 663-737.

LETAIEF, M., SOLTANI, M.S., BEN SALEM, K., BCHIR, A. (2001). Epidemiologia da insuficiência ponderal à nascença no Sahel tunisino. Santé *Publique , 13* (4), 359366.

LIEBERMAN, E., GREMY, I., LANG ,J.M., COHEN, A.P. (1994). Baixo peso à nascença a termo e o momento da exposição fetal ao tabagismo materno. *Amercan Journal of Public Health , 84* (7), 1127-1131.

MAATOUK ,F., BELGACEM, B., BELGACEM, R., GHEDIRA, H.,GEMMALL, B. (1996). Prevalence of dental caries in low birth weight children. *eastern Mediterranean Health Journal , 2* (2).

MABIALA-BABELA, J.R., MATINGOU ,V.C., SENGA, P. (2007). Factores de risco para baixo peso à nascença em Brazzaville, Congo. *Journal of Gynecology Obstetrics and Reproductive Biology, 36* (8), 795-98.

MACDERMOTT, R.I. (1995). Vasinose bacteriológica. *British Journal of Obstetrics and Gynaecology , 2* (102), 92-94.

MARBURY, M.C., LINN, S., MONSON R, SCHOENBAUM S, STUBBLEFIELD P.G, RYAN KJ. (1983). A associação do consumo de álcool com o resultado da gravidez. *American Journal of Public Health , 73* (10), 1165-1168.

MARTIN, T.R., PARÊNTESES, M.B. (1987). A associação entre baixo peso à nascença e consumo de cafeína durante a gravidez. *American Journal of Epidemiology , 126* (5), 813821.

MATHAI, M., VISAYASRI, R., BABU, S., JEYASEELAN, L. (1992). Fumo materno passivo e peso à nascença numa população do sul da Índia. *British Journal of Obstetrics and gynaecology , 99* (4), 342-343.

MATTEELLI, A., CALIGARIS, S., CASTELLI, F. (1997). A placenta e o paludismo. *Ann.Trop. Med. Parasitol. , 91* (7), 803-810.

MBOUP, G., KODJOGBE, N (1999). Perspectivas sobre planeamento familiar e saúde reprodutiva no Benin. *National Institute of Statistics and Economic Analysis and Macro International Inc, Calverton , 97.*

HYPERLINK

"http://www.refdoc.fr/?traduire=en&FormRechercher=submit&FormRechercher_Txt_Recher che_name_attr=authorsName:%20%20%28MEDA%29" **MEDA, N. ,** HYPERLINK "http://www.refdoc.fr/?traduire=en&FormRechercher=submit&FormRechercher_Txt_Recher che_name_attr=authorsName:%20%28SOULA%29" **SOULA, G.** HYPERLINK "http://www.refdoc.fr/?traduire=en&FormRechercher=submit&FormRechercher_Txt_Recher

che_name_attr=authorsName:%20%20%28DABIS%29" **DABIS, F. ,** HYPERLINK "http://www.refdoc.fr/?translate=en&FormSearch=submit&FormSearch_Txt_Reach che_name_attr=authorsName:%20%28COUSENS%29" **COUSENS, S. ,** HYPERLINK "http://www.refdoc.fr/?traduire=en&FormRechercher=submit&FormRechercher_Txt_Recher che_name_attr=authorsName:%20%28SOME%29" **SOME, A. ,** HYPERLINK "http://www.refdoc.fr/?translate=en&FormRecher=submit&FormRecher_Txt_Recher che_name_attr=authorsName:%20%28MERTENS%29" **MERTENS, T. ,** HYPERLINK "http://www.refdoc.fr/?traduire=en&FormRechercher=submit&FormRechercher_Txt_Recher che_name_attr=authorsName:%20%28SALAMON%29" **SALAMON, R.** (1995). Factores de risco de prematuridade e retardamento do crescimento intra-uterino no Burkina Faso. HYPERLINK "http://www.refdoc.fr/?traduire=en&FormRechercher=submit&FormRechercher_Txt_Recher che_name_attr=listeTitreSerie:%20%28Revue%20d%27%C3%A9pid%C3%A9miologie%20 et%20de%20sant%C3%A9%20publique%29" Revue d'épidémiologie et de santé publique . vol. 43, n° 3, pp. 215-224.

MILLAR ,W., WADHERA, W., NIMROD, C . (1990). *Nascimentos múltiplos: Tendências e Comportamento no Canadá.* Relatório de Saúde.

MOINHOS, J.L., GRAUBARD ,B.I., HARLEY, E.E., RHOADS, G.G., BERENDES, H.W. (1984). Consumo de álcool materno e peso à nascença. Quanto é seguro beber durante a gravidez? *Journal of the American Medical Association , 252* (14), 1875-1879.

MRC/RCOG. (1988). Relatório intercalar do Conselho de Investigação Médica/Colégio Leal de Obstetras e Ginecologistas ensaio multicêntrico randomizado de cerclagem cervical. *British Journal of Obstetrics and Gynaecology, 5* (95), 437-445.

NCHS. (1981). Dados básicos sobre medidas antropométricas e medidas angulares das articulações da anca e do joelho para grupos etários seleccionados de 1-74 anos. *Hyattsville.*

NKURUNZIZA, E., KANYANA, A (2008). Influência da idade materna e da paridade no peso de nascimento no hospital de Ngozi de 2001 a 2003. *Médecine d'Afrique Noire* (5510), 537-541.

NORDENTOFT, M., LOU, H.C., HANSEN, D., NIM, J., PRYDA, O., RUBIN, P.,HEMMINGSEN, R. (1996). Retardamento do crescimento intra-uterino e parto prematuro: a influência do tabagismo materno e de factores psicossociais. *American Journal of Public Health , 86* (3), 347-354.

OAKLEYA,. R. (1990). Apoio social e resultado da gravidez. *British Journal of Obstetrics and Gynaecology , 2* (97), 155-162.

OHLSSON, A., SHAH, P (2008). Determinantes e prevenção do baixo peso à nascença: Uma sinopse das provas. *Instituto de Economia da Saúde, Alberta Canadá* , 274.

OMS. (2012). *Chegar demasiado cedo: um relatório dos esforços globais para abordar o parto prematuro.* Nova Iorque.

OMS. (2003). *Vive em risco: a malária na gravidez.*

OMS. (1981). Desenvolvimento de indicadores para o acompanhamento dos progressos em direcção à saúde para todos até ao ano 2000. p102.

OMS. (2002). *Relatório sobre a Saúde Mundial.* Nova Iorque.

OMS. (1994). *Uma em cada cinco crianças nasce demasiado pequena, dados actualizados fornecidos pelo escritório de campo da UNICEF.* Nova Iorque.

OMS. (1995). *Utilização e interpretação da antropometria. Relatório de um comité de peritos, OMS.* Suíça: Genebra.

OBSERVATÓRIO DA POPULAÇÃO DE OUAGADOUGOU. (2008). Um sítio de investigação que fornece informação actualizada e provas empíricas aos decisores políticos. www.issp.bf

OUAGADOUGOU OBSERVATÓRIO DA POPULAÇÃO. (2009). *Plataforma de investigação-acção para um melhor controlo da urbanização.* www.issp.bf

OSBORN, J.A., HARRIS, S.R., WEINBERG, J. (1993). Síndrome do álcool fetal: revisão da literatura com as implicações para o fisioterapeuta. *Fisioterapia, 73* (9), 599-607.

OUEDRAOGO, C. (1994). Education de la mère et soins aux enfants à Ouagadougou. *Les dossiers du CEPED* (27), 37.

OUEDRAOGO, N.L. (2005, 8 de Julho). Factores de risco associados ao retardamento do crescimento intra-uterino: Estudo de caso-controlo na cidade de Ouagadougou. *Dissertação em saúde pública e gestão da* saúde. Ouagadougou, Burkina Faso.

OUSMANE, N., DIALLO ,D., DIEGNE, I., MOREAU ,C.J., DIADHIOU, F., KUAKUVI, N. (2001). Factores de risco materno e baixo peso à nascença em adolescentes senegaleses: o exemplo de um hospital em Dakar. *Cahier d'études et de recherches* francophone/Santé , *11* (4), 241-4.

PAMBOU, O., NTSIKA-KAYA, P., EKOUNDZOLA, J.R., MAYANDA, F. (2006). Nascimento pré-termo na CHU de Brazzaville. *Cahier d'études et de recherches* francophone/santé , *16* (3), 185-9.

PANETH, NIGEL, S. (1995). O problema da baixa natalidade weght. *O futuro das crianças* , *5* (1), 19-34.

PAPERNIK, E., KEITH, L. (1990). A relação custo-eficácia da prevenção do parto prematuro em gravidezes gémeas. *Acta Geneticae Medicae e Gemellologiae* (39), 361-369.

PARKER, J.D., SCHOENDORF, K.C. (2001). Uma comparação das tendências recentes da mortalidade infantil entre gémeos e singletons. *Epidemiologia pediátrica e perinatal* (15), 12-18.

PRADA, J.A., TSANG, R.C. (1998). Mecanismos biológicos de causas ambientais induzidas pela IUGR. *European Journal of Clinical Nutrition* (52), 21-28.

RI, MACDERMOTT. (1995). Vaginose bacteriológica. *British Journal of Obstetrics and Gynaecology, 102* (2), 92-94.

RIZVI, S., HATCHER, J., JEHAN, L., QURECHI, R. (2007). Meternal risk factors associated with low-birth weight in karachi: a case-control study. *revue de santé de la* mediterranée *orientale , 13* (6), 1344.

ROSSIER, C., SOURA, A., LANKOANDE, B., MILLOGO, M. (2011). *Observatório da População de Ouagadougou: Dados* recolhidos *na ronda 0, ronda 1 e ronda 2: Relatório descritivo.* Descritivo, Institut Supérieur des Sciences de la Population.www.issp.bf/OPO, Ouagadougou.

SCOTT, K., USHER, R. (1996). Desnutrição tetal: as suas causas de incidência. *Am.J.Obstet.Gynecol, 94* (8), 951-963.

SHAH, P., OHLSSON, A. (2002). Revisão bibliográfica de baixo peso à nascença, incluindo pequeno para a idade de gestação e nascimento pré-termo. *Saúde pública de Toronto , 131.*

SHETTY, P.S., JAMES, W.P.T. (1994). Body Mass Index: A Measure of Chronic Energy Deficiency in Adults. *Food and Nutrition Paper* (56).

SHIONO, H.P., KLEBANOFF, M.A., GRAUBARD, B.I., BERENDES, H.W., RHOADS, G.G. (1986). Peso à nascença entre mulheres de diferentes grupos étnicos. *Am. J. Saúde Pública , 3* (1), 48-52.

SHIONO, P & PATRICIA, I. (1995). Baixo nascimento weght: análise e recomendações. *O futuro das crianças , 5* (1), 1-18.

SHULMAN, C.E. (1999). A malária na gravidez: a sua relevância para programas de maternidade segura. *Ann. Trop. Med. Parasitol. , 93*, 59-66.

SIMPSON, J. (1993). A actividade física e o emprego estão relacionados com o nascimento prematuro e o baixo peso à nascença? *American Journal of Obstetrics and Gynecology , 4* (168), 1231-1238.

STARFIELD, B., SHAPIRO, S., WEISS, J., LIANG, KY., RA K, PAIGE, D., WANG, XB.

(1991). Raça, rendimento familiar e baixo peso à nascença. *Am. J. Epidemiol. , 134* (10), 1167-74.

STEKETEE, R.W., WIRIMA, J.J., SLUTSKER, L ., HEYMANN, D.L., BREMAN, J.G. (1996). O problema do paludismo e do controlo do paludismo na gravidez na África Subsaariana. *American Journal of Tropical medicine and Hygiene, 55* (1), 2-7.

STEKETEE, R.W. (2003). Gravidez, nutrição e doenças parasitárias. *J. Nutr. , 133,* 16611667.

STOLTZFUS, R.J. (1997). Controlo de ancilóstomos como estratégia para prevenir a deficiência de ferro. *Nutrition Reviews , 55* (6), 223-232.

STROMLAND, K., HELLSTROM, A. (1996). Síndrome do álcool fetal: um estudo prospectivo oftalmológico e sócio-educacional. *Pediatria , 97* (6), 845-850.

TIETCHE, H., GOUFACK ,G., KAGO, I., MBONDA, E., KOKI NDOMBO ,P.O., LEKE, R.I. (1998). Factores etiológicos associados ao retardamento do crescimento intra-uterino em Yaounde (Camarões): Um estudo preliminar. *Médecine d'Afrique Noire, 6,* 45.

UNICEF. (2004). *Baixo peso à nascença: Estimativas por país, regional e global.* Nova Iorque.

VIRJI,S.K. (1991). A relação entre o consumo de álcool durante a gravidez e o peso de nascimento do bebé. Um estudo epidemiológico. *Acta Obstetricia et gynecolgica scandinavica , 70* (4-5), 303-308.

OMS. (1979). Definições e recomendações, Classificação estatística internacional das doenças, *1.* Genebra.

OMS. (1997). Relatórios nacionais sobre a terceira avaliação da implementação das estratégias "Saúde para Todos". *Base de dados global da OMS, Nova Deli.*

OMS/UNICEF. (2003). *Relatório sobre a Malária em África.* Genebra: WHO New-York.

ZEITLIN, J., WILDMAN, K., BREART, G., BLONDEL, B. (2003). Estudo PERISTAT: Indicadores para a monitorização e avaliação da saúde perinatal.

Printed by Books on Demand GmbH, Norderstedt / Germany